LE MOT « DIEU »

EN

VIEUX-SCANDINAVE

THÈSE COMPLÉMENTAIRE POUR LE DOCTORAT

PRÉSENTÉE

A LA FACULTÉ DES LETTRES DE PARIS

PAR

MAURICE CAHEN

AGRÉGÉ DE L'UNIVERSITÉ

ANCIEN ÉLÈVE DE LA SORBONNE ET DE L'ÉCOLE DES HAUTES ÉTUDES

PARIS

LIBRAIRIE ANCIENNE HONORÉ CHAMPION, ÉDITEUR

ÉDOUARD CHAMPION

5, QUAI MALAQUAIS, 5

1921

LE MOT « DIEU »

EN

VIEUX-SCANDINAVE

LE MOT « DIEU »

EN

VIEUX-SCANDINAVE

THÈSE COMPLÉMENTAIRE POUR LE DOCTORAT

PRÉSENTÉE

A LA FACULTÉ DES LETTRES DE PARIS

PAR

MAURICE CAHEN

AGRÉGÉ DE L'UNIVERSITÉ

ANCIEN ÉLÈVE DE LA SORBONNE ET DE L'ÉCOLE DES HAUTES ÉTUDES

PARIS

LIBRAIRIE ANCIENNE HONORÉ CHAMPION, ÉDITEUR

ÉDOUARD CHAMPION

5, QUAI MALAQUAIS, 5

1921

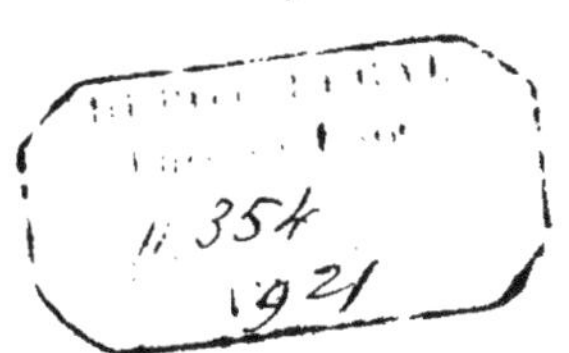

A la Mémoire

de

mon maître

ROBERT GAUTHIOT

mort pour son pays.

en orpstírr
deyr aldrege,
hveims sér gópan getr.

Hávm. 76.

Cette monographie a un objet très limité. Elle se propose de rechercher comment un mot du paganisme est passé dans le vocabulaire chrétien et de décrire les innovations qui ont été le résultat de cette adaptation.

J'ai conservé à cette étude un caractère strictement technique. On ne trouvera ici que l'exposé des faits et leur interprétation. Il s'en dégage des conclusions d'ordre plus général : je me réserve de les tirer dans un travail ultérieur.

TABLE DES MATIÈRES

PREMIÈRE PARTIE

L'ADAPTATION

CHAPITRE PREMIER

LES CONDITIONS HISTORIQUES

1. Les mots les plus stables du vocabulaire religieux
sont ceux qui désignent les notions essentielles de la religion. Le mot « dieu » en est un exemple. Le signe le plus
général qui évoquait les divinités païennes est devenu le
nom de Dieu après la conversion au christianisme. Dans
certains groupes de langues, comme le celtique ou le
roman, le mot actuel qui signifie « dieu » continue un
thème indo-européen *deiwo-*. Dans les langues, comme
le slave ou le germanique qui, à une époque très ancienne,
ont eu recours à une dénomination nouvelle, le mot païen
v. sl. *bogŭ* ou germ. *guda* (got. *guþ*, v. n. *goþ*) est passé
dans le vocabulaire chrétien.

2. Indépendamment des innovations linguistiques qu'elle
a entraînées, l'adaptation d'un mot comme *goþ* pose un
problème intéressant. Dans bien des cas, la religion nouvelle a apporté ses signes spéciaux pour dénommer les
ministres ou le matériel de son culte : pourquoi a-t-elle
utilisé le nom des dieux païens ?

Pendant plus de deux siècles, la civilisation chrétienne
s'est trouvée aux prises avec le paganisme dans le nord
de l'Europe. Ce long conflit a créé, dans le vocabulaire
scandinave, deux séries de mots ennemis. Aux termes

païens l'Église a opposé des termes chrétiens. Le prêtre
chrétien s'est appelé *prestr* pour se distinguer du prêtre
païen qui s'appelait *goði*; la rivalité des cultes a distingué
les noms de l'autel, *altari* chez les chrétiens, *stallr* chez
les païens. Les deux mots rivaux n'expriment bien sou
vent qu'une même notion logique. L'exemple d'autres langues comme le gotique qui systématiquement ont mis
toutes les ressources du vocabulaire païen au service du
christianisme montre qu'un seul mot pouvait suffire (cf.
got. *gudja* « ἱερεύς »). La distinction des termes ne
s'inspire pas d'une nécessité de l'expression, elle reflète
certaines circonstances historiques et ne s'explique que
par le conflit prolongé de deux civilisations rivales.

L'utilisation du mot païen *goþ* pose un problème historique de même nature. L'histoire de la conversion fournit
les données essentielles de la solution. Les textes scandinaves, nombreux et bien étudiés[1], permettent de suivre
pendant plusieurs siècles le courant de civilisation et le
développement qui ont abouti à la conversion.

3. On a souvent remarqué que le paganisme était d'une
extrême tolérance. Au cours des âges, le Valhal s'était
peuplé d'un nombre important de dieux qui n'étaient pas
jaloux; il pouvait s'ouvrir, au besoin, aux divinités nouvelles.

Parmi tant de dieux qui veillaient sur le destin des
hommes, le groupe et l'individu pouvaient librement choisir un protecteur. Odin, venu du pays des Saxons, s'était
d'abord arrêté au Danemark : il y était resté le dieu favori.
Freyr avait élu résidence dans le grand temple d'Upsal.
Thor se complaisait dans l'âpre nature de la Norvège; il
avait suivi en Islande les colons norvégiens. Les paysans
du Jutland aimaient à se parer d'un nom qui les consa-
crait à Odin, ceux de l'Upland suédois préféraient se

---

1. L'ouvrage de K. Maurer (*Die Bekehrung des norwegischen Stammes zum
Christenthume in ihrem geschichtlichen Verlaufe quellenmässig geschildert*,
2 vol., Münich, 1855-56) reste le plus complet, le plus clair et le plus
profond. — Les faits qui intéressent ce chapitre sont spécialement étudiés
au § 62 (Anknüpfungspunkte für das Christenthum) vol. II, 203 sqq.

recommander à Freyr. A côté des cultes nationaux, il y avait une infinité de cultes individuels. Chacun restait libre d'avoir son patron. Les Islandais appelaient ce dieu leur *fulltrúi*[1], parce qu'on mettait en lui toute sa foi (*trú*) ou leur *heitgoð*[2], parce qu'on l'invoquait (*heita á*) de préférence aux autres. Le jarl Hákon, le rempart du paganisme norvégien, s'adressait à une divinité secondaire : Þorgerðr Holgabrúðr[3] ; les hommes les plus puissants choisissent parfois dans le ciel un patron très indigne de leur grandeur.

Quand saint Ansgaire vint pour la seconde fois en Suède, le parti païen imagina de prêter aux dieux courroucés une protestation véhémente. Les dieux païens disaient au peuple suédois : « Si nous ne vous suffisons plus, si vous désirez augmenter la phalange de vos dieux, nous sommes prêts à admettre le roi Eric dans nos rangs : il sera au nombre des dieux[4]. » Dans ce passage de la *Vie de saint Ansgaire*, Rimbert, son successeur, montre une connaissance profonde de la psychologie païenne. Si quelque nouveau dieu venait solliciter sa foi, le paganisme était prêt à la lui accorder.

4. Ce dieu nouveau, les Scandinaves le rencontrèrent au cours de leurs voyages et les missionnaires vinrent bientôt prêcher sa religion.

Saint Ansgaire arriva au Danemark en 826 et passa en Suède deux ans après. Les premières communautés se fondèrent surtout dans la presqu'île cimbrique : de Slesvig, elles se propagèrent jusqu'à Viborg, où l'Islandais Gísli

---

1. Freyr est le *fulltrúi* de Þorkell (*Vígagl.* 9[83]). De même Þorgerðr Holgabrúðr est le *fulltrúi* du jarl Hákon (cf. la *Jómsvíkinga saga* : Fm. XI, 134[22] = *Jómsv.* 73[28] = *Jómsvík.* 115[7] = *Flatb.* 1,213[28], ou l'*Ólafs saga Tryggvasonar* : Fm. III, 100[7]).

2. Le géant Bárðr Snæfellsáss est le *heitgoð* de toute une région (*Bárð.* 12[17]).

3. Le choix du jarl Hákon repose sur une interprétation étymologique : on a fait de Holgi l'éponyme de l'*Háleygja ætt* « la dynastie de Haalogaland » qui était celle de Hákon. Cf. Storm dans *Ark.*, II, 128 sq.

4. *Vita Anskarii* cap. 26, cité par Maurer, I, 32-33, note 39.

Súrsson et ses compagnons reçurent au siècle suivant la *prima signatio*. A la fin du xe siècle, le baptême de Harald Gormsson consacra officiellement la fin du paganisme danois. En Norvège, la conversion fut menée plus vivement : commencée vers 950 par Hákon le Bon, elle fut achevée par Olaf le Saint qui, son œuvre faite, gagna en 1030 la palme du martyre. En l'an mille, le peuple islandais abjura les faux dieux par un vote du thing. Sauf en Suède, où il résista plus de cent ans encore, le paganisme avait vécu. Le début du xie siècle marque la fin de l'ère des missions.

Si l'on considère l'ensemble des faits historiques, la conversion de la Scandinavie semble la conclusion naturelle de l'âge des Vikings ; le mouvement d'expansion qui, depuis la fin du viiie siècle, avait porté les païens au contact de la civilisation chrétienne, les menait tout droit à la religion du Christ. Partis d'abord en bruyants essaims, les Vikings s'étaient établis sur les côtes conquises dès la fin du ixe siècle. Dans toutes leurs colonies de l'Europe occidentale, en Angleterre et en Irlande, en Normandie et dans la Frise, ils se heurtaient et se mêlaient à la civilisation étrangère.

Les idées nouvelles passaient la mer du Nord avec les barques hardies qui la sillonnaient. L'Islande avait reçu des pays celtiques tout un lot de colons et, parmi eux, quelques familles chrétiennes. Les Islandais se rendaient souvent en Angleterre : Egill, païen de vieille race, y reçut la *prima signatio* pour entrer au service du roi Æthelstan. Dans le Sud, Durstède, à l'embouchure du Rhin, entretenait des relations actives avec Slesvig au Danemark et Birka en Suède. Les Scandinaves, venus dans la Frise ou dans la Flandre, se laissaient catéchiser et les Frisons, établis en Scandinavie, y formaient le premier noyau des communautés chrétiennes.

5. Quand les missionnaires ou les marchands chrétiens vantaient leur dieu Christ et contaient ses miracles, les Scandinaves écoutaient sans s'étonner. L'existence d'un

dieu étranger ne les surprenait pas. Les Danois avaient Odin, les Norvégiens avaient Thor. Pourquoi d'autres peuples n'auraient-ils pas leur dieu ? Christ apparut dès l'abord comme le dieu national des autres peuples, on ne mit pas en doute sa nature divine. Les témoignages sont formels, et au reste superflus. Les Scandinaves qui peuplaient le ciel et la terre d'efficacités mystiques admettaient aisément qu'une divinité étrangère en détînt une part. De très bonne heure, on constate chez les Vikings une peur manifeste du dieu des chrétiens : ils évitent d'attirer son courroux et, dans les cas désespérés, ils sollicitent son secours[1].

Christ était donc un *goþ* tout comme Thor et Odin. Mais le dieu étranger se séparait des dieux indigènes par le culte qu'on lui rendait et la confiance qu'il inspirait. En considérant la pompe de la messe et le luxe des cierges, plus d'un païen a dû s'écrier, avec l'Islandais Koðran : « Vos pratiques sont bien différentes des nôtres : votre dieu aime la lumière, mais les nôtres la craignent ! »[2]. Quand il comparait Christ aux Ases, c'était pour se réjouir de la supériorité des dieux du Valhal. Loin d'être séduit par l'innovation religieuse, il lui résistait par un acte de foi païenne. Au missionnaire Þangbrandr, l'Islandaise Steinunn opposait la vertu souveraine de la vieille religion. Quand il eut terminé son prêche, elle lui demanda d'un air narquois : « As-tu entendu dire que Thor a provoqué Christ en duel et que Christ n'a pas osé se battre avec Thor ? » Puis, comme Þangbrandr venait d'échapper à un naufrage, elle continua : « Sais-tu qui a brisé ton bateau ? » et lui décocha cette strophe acérée : « C'est Thor qui a réduit en miettes le navire du prêtre ; ce sont les dieux (*bǫnd* = nos dieux païens) qui ont jeté le bateau à la côte. Christ n'a pas protégé la barque, quand elle s'est brisée. Il me semble que ce dieu (*goþ* = le dieu des

1. Cf. Joh. Steenstrup, *Normannerne*, I, 100, 368-9 ; II, 169, 177, 192, 251.
2. *Þorv. viðf.* ch. 2 (dans *Bisk.*, I, 38[35-36]).

chrétiens) a bien peu veillé sur le bateau »[1]. Ceci se passait en 999 dans l'Islande encore païenne et la *visa* de Steinunn est authentique. Il ne faut pas s'arrêter au contraste *bǫnd* : *goþ*. On verra plus loin que le mot *bǫnd* est un terme du vocabulaire poétique : il ne sert ici qu'à varier l'expression. Il convient surtout de retenir qu'à la fin du xe siècle, un Islandais païen tenait Christ pour un dieu moindre que Thor, mais qu'il ne lui refusait pas le nom de *goþ*.

6. L'adhésion provisoire au dieu nouveau était un corollaire de la tolérance païenne : elle n'excluait pas la foi traditionnelle. Comme elle assurait à l'individu un ultime recours sur le ciel, elle constituait un geste très habile de politique spirituelle. Le paganisme s'était effrité au contact de l'occident chrétien : l'âge des Vikings se terminait par une révolution des âmes. Dès la fin du ixe siècle, le mélange des civilisations avait créé une religion étrange, qu'on est tenté d'appeler pagano-chrétienne. Helgi le maigre, l'un des premiers colons d'Islande, est le représentant le plus fameux de « cette foi mêlée » : il était fils d'un Norvégien établi aux Hébrides et de la fille du roi irlandais Cearbhall. Il était donc de famille chrétienne, mais, dit la *Landnámabók*, il était *mjǫk blandinn í trúnni* : sa religion présentait un mélange singulier. « Il croyait en Christ, mais il invoquait Thor quand il était sur mer et dans les cas difficiles ». Au moment d'aborder en Islande, il demanda au dieu païen de le mener à bon port, puis il appela Kristnes, du nom du dieu chrétien, le promontoire où il s'établit[2].

La *prima signatio*, que l'Église dispensait largement, correspondait de façon parfaite à l'état des âmes au xe siècle. Les catéchumènes, marqués de la croix, n'étaient plus tout à fait des païens ; ils n'étaient pas encore des chrétiens. Ils faisaient acte d'adhésion provisoire et ils

1. *Nj.* ch. 102.
2. *Landn.* 72-73.

en retiraient un bénéfice pratique : les maisons chrétiennes s'ouvraient devant eux. Le roi d'Angleterre prenait à son service le scalde Egill, dont le cœur restait fidèle aux traditions païennes. Les milieux commerçants de Durstède accueillaient plus facilement les navigateurs scandinaves que l'Église avait marqués de la croix. Par ailleurs, la bénédiction chrétienne touchait bien peu les cœurs. Ces catéchumènes ne mentaient pas à Christ, dont ils reconnaissaient la divinité et la puissance, mais ils ne s'engageaient pas de façon définitive : ils gardaient « la foi qui leur convenait le mieux »[1].

L'adaptation du mot *goþ* s'explique par cette révolution morale qui a précédé la conversion. Les païens, non convertis, participaient déjà de la civilisation chrétienne : ils connaissaient Christ et savaient qu'il était un dieu. Devenus chrétiens, ils ont cru, pendant des siècles encore, à l'identité de Christ et de Dieu.

7. La conversion, c'est-à-dire l'adhésion définitive à la religion étrangère, n'intéresse pas ce travail. Elle couronne le plus souvent l'activité du missionnaire ; elle est toujours le résultat d'un miracle. Il y a miracle dès que la supériorité de Christ se manifeste au païen de façon décisive. Dans un moment de détresse, Thor, Odin ou quelque autre *fulltrúi* divin refuse son concours : on se souvient alors de Christ, on lui adresse une prière et, s'il l'exauce, on croit en lui, on se donne à lui. C'est le vœu de Clovis, cent fois répété. On le raconte de plusieurs princes du Nord et la tradition garde le souvenir de miracles plus humbles et plus véridiques : procès gagné ou santé retrouvée par le secours du Dieu tout-puissant[2].

Les écrivains ecclésiastiques rapportent que le miracle de Poppo entraîna la conversion de Harald Gormsson, le premier roi chrétien du Danemark. Le récit qu'on trouve dans Widukind de Corbie résume en un tableau pitto-

1. *Eg.* ch. 5o : *en hǫfðu þat at átrúnaði, er þeim var skapfeldast.*
2. Cf. Maurer, II, 311-15.

resque toute l'évolution religieuse analysée dans les pages précédentes[1].. En ce temps-là, dit Widukind, les Danois étaient chrétiens, mais ils servaient encore les faux dieux. Il arriva qu'un jour le roi Harald assistait à un banquet et qu'on y discuta de la religion nouvelle. Les Danois concédaient que Christ pouvait bien être un dieu, mais ils affirmaient que leurs dieux étaient plus puissants et capables de plus grands prodiges. Alors Poppo, un clerc étranger, se leva : il témoigna qu'il n'y avait qu'un Dieu, la très sainte Trinité, et dit que les Ases n'étaient que des démons. Harald, ému, garda d'abord le silence, puis demanda à Poppo s'il était prêt à justifier ses paroles par un jugement de Dieu. Le prêtre accepta avec joie. Le lendemain matin, Poppo porta le fer rouge et montra aux païens sa main sans brûlure. Christ triomphait des Ases : Harald reçut le baptême et le Danemark devint chrétien.

1. *Widukind*, III, cap. 65 (dans les *Monumenta* de Pertz, III, 747) cité par Maurer, II, 482, note 3.

CHAPITRE II

LES CONDITIONS LINGUISTIQUES

8. L'adaptation du mot *goþ* pose un problème linguistique : pourquoi ce mot, et non un autre, est-il devenu le
nom du dieu des chrétiens ?

Il apparaît, dans les textes des ixe et xe siècles[1], que le
scandinave disposait d'un grand nombre de mots pour
désigner les dieux païens.

Dans une malédiction sacramentelle (*Eg. Lv.* 19), composée en 934 contre son ennemi le roi de Norvège[2], l'Islandais Egill emploie en trois vers trois mots différents :
goþ, bǫnd, rǫgn.

Dans un de ses poèmes, l'*Haustlǫng*, Þjóðólfr de Hvin,

---

1. La littérature des ixe et xe siècles est exclusivement poétique. La
littérature du ixe siècle est surtout représentée par deux scaldes norvégiens :
Bragi enn gamli Boddason (l'authenticité de son œuvre a été mise en doute
par S. Bugge, mais défendue par F. Jónsson) et *Þjóðólfr ór Hvini*. — La
littérature du xe siècle comprend : 1° la tradition eddique. La plupart des
poèmes eddiques, notamment les *Chants des dieux*, ont été composés avant
1000 (cf. F. Jónsson, *Litter. Hist.*, I, 65-68). Les strophes sont citées
ici d'après l'édition de S. Bugge : *Norrœn Fornkvæði*. Kria, 1867. — 2° la
tradition scaldique. L'édition de F. Jónsson, *Den norsk-islandske Skjaldedigtning*. Cop., 1912-13, comprend 2 séries. A : le texte des manuscrits ;
B : le texte rétabli. Les scaldes des ixe et xe siècles sont édités au vol. I
[B], pp. 1-177.

2. Magnus Olsen a montré (*Om Trolldruner. Fordomtima, II*. Uppsala,
1916) que cette *níðvísa* « strophe infamante » constitue le *formáli* « incantation » dont parle la saga (ch. 57) et fut sans doute gravée en runes sur
la *níðstǫng* « perche infamante », élevée par Egill sur la côte, pour chas-
ser les « esprits du pays ». Le scalde a dû choisir des mots efficaces,
capables d'exercer une action magique.

scalde norvégien. emploie les cinq mots suivants, énumé
rés dans l'ordre de fréquence :

týr, plur. *tívar* (str. 1, 3, 8);

hǫpt (str. 3, 11);

goþ (str. 4);

(*ginn-*) *regin* (str. 13);

bǫnd (str. 17).

Si l'on ajoute *díar* et *jóln*, attestés chez d'autres scaldes, *fjǫrg* et *véar*, attestés dans les poèmes eddiques, on
arrive à un total de 9 mots[1].

Du point de vue étymologique, il y a là des mots de
toutes sortes. *Týr* a de proches parents dans presque
toutes les langues indo-européennes. *Regin,* dans ce sens,
est particulier au germanique. Mais la plupart ne se rencontrent que dans la poésie scandinave.

A ne considérer que l'usage du xᵉ siècle, le seul qui
importe ici, on peut ranger tous ces mots en deux catégories :

A : les termes poétiques : *bǫnd, díar, fjǫrg, hǫpt, jóln,
regin* (*rǫgn*), *týr*, *véar*.

B : le mot du vocabulaire général : *goþ*.

Les caractères spéciaux de ce mot apparaîtront au cours
de l'exposé.

A. — Les mots poétiques.

I. — *Le mot indo-européen* : sing. *Týr*, plur. *tívar*.

9. Le singulier *Týr* est le nom du dieu de la guerre :
Mars, selon l'*interpretatio romana*. En dehors du scandi-

---

1. On laissera de côté le mot *óss*. plur. *æsir*. Il a certainement, à une
période plus ancienne, désigné les « dieux » en général. Mais il était devenu
par la suite le nom de la dynastie des Ases, les ennemis des Vanes. Les
scaldes du xᵉ siècle l'emploient souvent au même sens que *goþ* (les Ases
s'étaient réconciliés avec les Vanes). Cet usage poétique ne doit pas faire
oublier que le mot était en réalité un nom propre, comme Thor ou Odin,
et partant rebelle à toute adaptation.

nave, il n'est attesté que dans le nom de jour « Mardi », calqué sur *dies Martis* : vha. *Zies-tac*, v. angl. *Tiwes-*, *Tiges-dæg*, v. fris. *Ti(e)s-di, -dei*, v. n. *Týs dagr*, v. suéd. *tisdagher, tysdagher*, v. dan. *tiis-dagh*.

Le mot germanique se rattache au thème indo-européen bien connu **deyew-* qui a fourni un substantif signifiant « dieu », un adjectif signifiant « brillant » et le nom du « ciel lumineux » très souvent divinisé[1]. Selon la place du ton qui déterminait le degré du vocalisme dans l'une des deux syllabes, le thème **deyew-* pouvait présenter soit la forme **deiw-* (skr. *deváḥ*, lat. *deus*, v. irl. *dia* « dieu »), soit la forme **dyeu-* (skr. *dyaúḥ* « ciel, jour », gr. Ζεύς, lat. *Iuppiter*, gr. Ζεῦ πάτερ (« ô ciel père »). Si, dans ce dernier cas, le groupe *i* consonne + voyelle venait à former deux syllabes[2], le thème **dyeu-* prenait la forme **d(i)yeu-* (skr. véd. *diyaúḥ*).

Tenté sans doute par le sens, on a comparé le nom du dieu *Týr* aux mots issus de i.-e. **dyeu-*[3] ou même **d(i)yeu-*[4]. Mais la comparaison n'est pas satisfaisante au point de vue phonétique. Le pluriel scandinave *tívar* atteste de façon certaine un germ. **tīwaz*, qui correspond exactement à i.-e. **deiwos* « dieu »[5].

10. Le mot germanique a été utilisé de deux façons, comme nom propre et comme nom commun.

1º Comme il désignait le « ciel lumineux », il est devenu

---

1. Cf. Meillet, *Introduction*[3], p. 388.
2. Cf. Meillet, *op. cit.*, p. 95 sqq.
3. Cf. W. Streitberg, *Zur germ. Sprachgesch.*, p. 72 ; O. Schrader, *Sprachvergl. und Urgesch.*[3], II, 439 ; A. Noreen, *Urgerm. Lautl.*, p. 28, *Aisl. Gram.*[3], § 74.6.
4. Cf. Brugmann, *Grundriss*[2], II, 1, 134 qui cite la littérature.
5. Cf. O. Bremer *I. F.*, III, 301 sq. ; Noreen, *Urgerm. Lautl.*, p. 176, Anm. 10, *Aisl. Gr.*[3], § 355 ; Brugmann, *Grundr.*[2], I, 184 ; Torp, *Urgerm. Sprachschatz* (= Fick, *Vergl. Wb.*[4], III), p. 162. — T. E. Karsten (*Namn och Bygd*, II, 1914, p. 196 sqq ; *Germanisch-finnische Lehnwortstudien*, Helsingfors, 1915, p. 5 sqq.) a retrouvé le mot germ. **tiwaz* dans le nom d'une divinité finnoise *Ruko-liivo*. La même divinité s'appelle en carélien *Runko-teivas*. Cette forme *teivas* représente, selon Karsten, la forme la plus ancienne du mot germanique, avant la réduction de la diphtongue indo-européenne.

le nom du ciel divinisé, comme en grec et en latin. Le développement ultérieur du mot *Týr* en scandinave s'explique par l'évolution des croyances religieuses. Il y a, dans l'histoire du dieu Týr, trois étapes essentielles. D'abord, le dieu du ciel est passé au premier plan. Puis, devenu la divinité suprême de tribus belliqueuses, le dieu du ciel s'est transformé en dieu de la guerre. Tacite parle (*Hist.* 4, 64) du *præcipuus deorum Mars*. Au vi[e] siècle, Procope confirme ce témoignage pour les Germains du Nord. Mais bientôt le culte d'Odin gagne la Scandinavie et l'âge des Vikings achève de bouleverser la hiérarchie des dieux. Odin détrône Týr. Týr conserve par la force de la tradition ses attributs guerriers, mais déchoit au rang de divinité secondaire. Odin se pousse à la première place. A la sagesse il joint la vaillance qui était jadis l'apanage de Týr[1].

Les noms de lieu de la Scandinavie attestent la déchéance de Týr. Le Danemark en a quelques-uns du type de *Tislund* « bois de Týr », mais leur nombre est infime, si on le compare aux noms mis sous l'invocation d'Odin[2]. La Norvège n'en a qu'un de sûr : *Týsnes* « cap de Týr » dans une province liée au Danemark par des liens très anciens[3]. La Suède n'en a pas du tout.

2° Certains noms de bois ou de lacs suédois contiennent au premier membre de composé un mot *ū-*, dans lequel on a voulu voir le nom du dieu Týr, v. suéd. *Ti(r)*. On en a tiré la conclusion que la déchéance de ce dieu était postérieure à l'appellation des régions naturelles et antérieure à l'appellation des lieux d'habitation[4]. Mais il

---

1. L'histoire de Týr a été élucidée par Müllenhoff, *Über Tuisco und seine Nachkommen* (1847) = *Deutsche Altertumskunde*, IV, 519 sqq. On retrouvera sa théorie, plus ou moins modifiée, dans toutes les mythologies.

2. Cf. Nielsen, *Blandinger*, I, 262-5 (bien des noms cités ne se rapportent pas au dieu Týr); Joh. Steenstrup, *Dansk Hist. Tidskr.*, 6 R. VI, 387-388 ; *De danske Stedsnavne*[2], p. 17.

3. Cf. M. Olsen, *Hedenske Kultminder i norske Stedsnavne*, I (1915), p. 37, 196 sq.

4. Cf. E. Hellquist, *Ark.*, XVIII, 363; *Sv. Landsm.*, XX : 1, 616-623, XX : 5, 120.

est imprudent d'imputer à Týr des composés qui ne contiennent pas son nom au génitif. Le nom de la forêt suédoise *Ti-veden* s'oppose ainsi au nom danois *Tis-lund*.

Il convient de voir dans la syllabe *ū* de ces noms de lieu le dernier vestige du mot germ. **tīwa-* employé comme appellatif. On a comparé v. suéd. *tīviþer* à v. irl. *dé-fid* : les deux mots supposent un composé celto-germanique **deiwo-widus* « forêt des dieux », dont le premier terme a gardé le sens indo-européen[1]. Quant aux noms de lacs, on peut penser que *tī-* représente l'adjectif indo-européen (cf. skr. *divyáḥ*, gr. δῖος, lat. *dīuus*, irl. *déa*) et signifie soit « brillant », soit « céleste, divin ». Ici encore, la toponomastique celtique offre un bon parallèle[2].

11. Cette double utilisation du mot, à date très ancienne, au sens de « ciel (divinisé) » et de « dieu » explique les faits attestés dans la littérature préchrétienne. L'usage qu'en font les textes poétiques de cette période peut se formuler schématiquement de la façon suivante :

1° le plur. *tívar* est employé au sens de « dieux ».

2° le sing. *Týr* est le nom d'un dieu.

3° des raisons de technique poétique et l'influence du pluriel tendent à donner au singulier la valeur d'un appellatif.

12. Le plur. *tívar* « dieux » est attesté dans un poème scaldique du IXe siècle (*Haustl.* 1, 3) et dans 6 poèmes eddiques du Xe siècle (*Hávm.* 159; *Vafþr.* 38, 42; *Grí.* 5; *Þry.* 14; *Bdr.* 1; *Hym.* 4), sans compter les formes composées *sigtívar* « dieux du combat », *valtívar* « dieux des morts qui jonchent le champ de bataille », particulières

---

1. Cf. Marstrander, *Festskrift til A. Torp.* 1913, p. 239 sq. — Noreen a proposé une autre étymologie dans la *Festskrift til Feilberg*, p. 273 sqq. (== *Sv. Landsm.*, 1911).

2. Cf. T. E. Karsten, *Lehnwortstudien*, pp. 12-14. — Sur le fleuve celtique *Deva*, aujourd'hui *Dee*, cf. d'Arbois de Jubainville, *Les premiers habitants de l'Europe*, II, 270 sqq.

à l'Edda. Le sens ne fait pas de doute : *tívar* désigne toutes les puissances célestes et non pas une catégorie spéciale de dieux. Il est synonyme de *goþ* (plur.) ou de ses substituts poétiques : l'expression *tíva rǫk* « l'histoire, les destins des dieux » (*Vafþr.* 38, 42) est parallèle de *ragna rǫk* « l'ultime destin des dieux » (cf. § 16) et montre, en dépit du sens spécial donné à cette dernière locution, la synonymie de *tívar* et *regin*. L'alliance des deux mots *tívar ok ginnregin* (*Hym.* 4) est une redondance poétique, du genre de *regin ǫll, ginnheilog goþ* (*Vsp.* 6) ou *rǫð ok regin* (*Hák.* 18). Si même le poète a employé *tívar* pour désigner les Ases en les opposant à *ginnregin* « Vanes », cette spécialisation est arbitraire : elle ne s'appuie pas sur la tradition.

Le sens appellatif de *tívar* « dieux » continue un usage ancien, conservé dans un très grand nombre de langues indo-européennes, où se retrouvent des représentants du thème **deiw-* (cf. § 9) : on est donc fondé à admettre que l'usage du plur. *tívar*, avec sa valeur spéciale, ne constitue pas une innovation de la langue poétique.

13. En face du plur. *tívar*, qui a toujours eu le sens d'un appellatif, le sing. *týr* était, depuis des siècles, devenu le nom d'un dieu. Mais la déchéance du dieu Týr et la technique spéciale de la poésie norroise ont eu sur l'emploi du nom propre une influence singulière.

L'un des caractères les plus originaux de la technique des scaldes est l'extension qu'ils ont donnée à la périphrase poétique, appelée *kenning*[1]. Pour éviter d'employer le nom simple (*heiti* cf. *SnE.* I, 464) d'une chose, on la dénomme par rapport à une autre chose (*kenna e-t til e-s*). Au lieu d'appeler Odin par un de ses *heiti*, on peut énoncer le nom d'un Ase quelconque et un attribut particulier à Odin (*SnE.* I, 230). De même pour les hommes, princes ou guerriers : on les ennoblit au moyen de *kenningar* qui

---

1. Cf. F. Jónsson, *Litter. Hist.*, I, 382 sqq., et les références données p. 383, note 1.

énoncent le nom d'un dieu et un objet ou un acte caractéristique de l'activité humaine (*SnE*. I, 334). Exemples :
Odin est l' « Ase des pendus », c'est-à-dire des victimes
qu'on lui consacre par la pendaison. Le guerrier est le
« dieu du combat ou du glaive ». Le prince généreux est
le « dieu de l'or ».

Le nom du dieu *Týr* entre très souvent et très tôt dans
les *kenningar* des dieux et des hommes. Odin est appelé :

farma-Týr « Týr (dieu) des cargaisons » *Grí*. 48, *Hál.*
11 = *farma-goþ : SnE*. I, 84 [14].

fimbul-Týr « le grand Týr » *Vsp*. 60.

gauta-Týr « le Týr des Suédois (de Gothie) » *Hák*. 1.

hanga-Týr « le Týr des pendus » *VGl*. 10, *EGils*. 3, 7.
= *hanga-goþ : Hávm*. 14.

her-Týr « le Týr des guerriers » *Vell*. 3.

Hropta-Týr « le Týr des dieux » *Hávm*. 160, *Grí*. 54,
Hák. 14, *Húsdr*. 8.

sig-Týr « le Týr du combat » *Gráf*. 12, *Akv*. 30.

val-Týr « le Týr des guerriers morts » *Hál*. 15.

vera-Týr « le Týr des hommes » *Grí*. 3.

Beaucoup de ces dénominations semblent la copie mécanique d'une certaine formule poétique, facile à renouveler
dans son premier terme. Mais cette formule ne peut être
ancienne puisqu'elle suppose la déchéance du dieu Týr. Il
est frappant que son successeur, Odin, ait été le bénéfi-
ciaire de ces *kenningar* et il est tentant d'admettre que
beaucoup de ces titres ont été transférés de Týr déchu à
Odin en pleine gloire. Dans un mot comme *fimbul-Týr*,
l'emploi métaphorique de *Týr* ne provient certainement
que du transfert de l'expression d'un dieu à un autre[1].

Puis vient un second stade de l'extension. Dès le ixe
siècle, Þjóðólfr applique le mot *Týr* à d'autres dieux
qu'Odin. Loki est *herfangs hirði-Týr* « le Týr qui garde
sa proie » (*Haustl*. 6). Thor est *sára reiði-Týr* « le Týr

---

1. Cf. F. Jónsson, *Lex. Poet.* (s. *fimbul-Týr*) ; dans l'ouvrage *Goðafræði
Normanna og Íslendinga*. Reykjavík, 1913, le même auteur remarque (p. 32)
que Týr est le seul nom de dieu qui entre dans les *kenningar* d'Odin.

qui donne les blessures » (*Haustl.* 20). A la fin du xᵉ siècle, *Okuþórr*, le « dieu qui circule en char », s'appelle en poésie *karms Týr* « le Týr du char » (*Þdr.* 19, cf. *reiðar-Týr*, même sens, *SnE.* I, 230, faussement attribué à Odin). Appliqué à des dieux qui n'étaient pas les héritiers de Týr et ne partageaient avec lui que le rang divin, le mot *Týr* était sur le chemin de devenir un *heiti*, c'est-à-dire un synonyme poétique de *goþ*.

L'emploi de *Týr* dans les *kenningar* des hommes marque le point ultime du développement. On a remarqué que le nom des dieux principaux ne figure généralement pas dans cette sorte de *kenningar*. On n'utilise que les personnages secondaires de la mythologie ou les surnoms des grands dieux[1]. La déchéance de Týr et l'usage antérieur fait de son nom permettent d'appeler le prince *auð-Týr* « Týr de richesse » (*Ht.* 48) ou le guerrier *hjalm-Týr* « Týr du casque » (*Hl.* 25 b, *Ht.* 35). On peut dire de même *auð-Baldr* d'après le dieu Balder ou *hjalm-Þróttr* d'après un surnom d'Odin.

14. L'usage métaphorique que les poètes païens faisaient du nom du dieu Týr a fini par troubler l'opposition d'abord très nette entre le sens du singulier et celui du pluriel. Le singulier *Týr* a pris subsidiairement la valeur d'un appellatif qu'il n'avait pas tout d'abord. Au temps où *Týr* régnait sur le ciel, il ne pouvait y avoir deux homonymes, l'un désignant le dieu tout-puissant, l'autre exprimant la notion générale de « dieu ». Au contraire, la coexistence des deux sens, limités l'un au singulier, l'autre au pluriel, n'avait rien que de naturel. On distinguait :

Nom.	*Týr*	« le dieu Týr »	mais	*tívar*	« les dieux »
Acc.	*Tý*			*tíva*	
Dat.	*Tívi*			*tívum*	
Gén.	*Týs*			*tíva*	

Dès la fin du ixᵉ siècle, Þjóðólfr emploie le sing. *Týr*

1. Cf. Falk, *Ark.*, V, 263.

comme appellatif, synonyme de *goþ* : *með fróðgum tívi*
« avec le dieu malin » (*Haustl.* 8). L'expression s'applique
à Loki, dénommé dans le même poème *herfangs hirði-
Týr* (*Haustl.* 6). Dans le premier cas, *týr* est un *heiti*, un
substitut poétique du mot qui signifie « dieu ». Dans le
second cas, *Týr* est le nom d'un dieu qui sert à évoquer
un autre dieu. Ainsi se reproduit, au sein même du singulier, le contraste qu'on observe par ailleurs entre l'emploi du pluriel et du singulier : *sigtívar* (appellatif) et *sig-
Týr* (*kenning* d'Odin).

Le pluriel *tívar* a été le second facteur du développement
sémantique. Issu d'une métaphore poétique, le sens du
singulier trouvait dans le pluriel un appui certain. Le
dat. sing. *tívi* assurait la liaison étymologique avec le plur.
tívar et permettait de reconstituer le paradigme que la
différenciation des sens avait coupé en deux tronçons.
Mais, par suite de l'usage poétique, le singulier s'était
scindé en deux sens : « Týr » et « dieu ». Tout d'abord
les mêmes formes servirent à exprimer les deux notions ;
bientôt, la scission des sens entraîna celle des formes,
c'est-à-dire la création de deux mots.

Dans le nom du dieu *Týr* on généralisa le vocalisme *ý*
qu'on étendit au datif : *Tívi* devint *Tý* (*Þorm. Lv.* 6, 16 =
xie siècle[1]). Cette dernière forme, attestée dans des *kenningar*, montre que la distinction établie plus haut n'est
pas arbitraire. Pour le mot « dieu » on a tenté de recréer
un singulier analogique du pluriel, au moyen du radical
tív-. Le gén. *tíva* (*Vsp.* 52, d'interprétation incertaine[2])
et le dat. *tíva* (*Haustl.* 8, dans le cod. W) semblent attester une flexion consonantique : nom. *tívi*. Si, comme il est
vraisemblable, le mot eddique *tívurr* « dieu » (*Vsp.* 31)

---

1. A côté de *tívi* (*Þdr.* 19, fin du xe siècle). Faut-il en conclure que
karms týr = Thor signifie le « dieu de la voiture » et non pas le « Týr
de la voiture » ?

2. *Sól valtíva* « le soleil (l'épée) du guerrier » (F. Jónsson, *Lex. Poet.*,
p. 591 admet un gén. sg. de *valtívi*). D'autres y voient un gén. plur. de
valtívar et traduisent « le soleil des dieux du combat ».

est de la même famille étymologique[1], il faut rapprocher sa formation de la tentative décrite ci-dessus.

Le plur. *tívar* est attesté pour la dernière fois au xi⁰ siècle. Au sens de « dieux » il meurt avec la tradition eddique ; il se maintient à peiné plus longtemps dans les *kenningar* (*Þorm.* 2, 14 ; *Sigv.* 12, 23). Fait étrange, il n'est pas mentionné dans *SnE.* I, 468 sq. parmi les *heiti* des dieux. Le singulier a disparu plus tôt encore, au sens de « dieu » : il n'a survécu au paganisme que dans le nom du dieu païen.

II. — *Le mot germanique* : scand. *regin, rǫgn.*

15. Le sens propre du germ. **ragina-* N. est encore clair en gotique, où *ragin* traduit γνώμη, δόγμα, c'est-à-dire « décision ».

Au sens religieux, le mot n'est employé qu'au pluriel : « les dieux ». Il est attesté, en dehors du scandinave, dans la locution v. sax. *regano giskapu* « destin fixé par les dieux ». Les noms de personne, composés de *ragin-, regin,* au sens de « dieux », se retrouvent dans tout le monde germanique[2].

Le témoignage du gotique donne la clé du développement sémantique. Le sens religieux, qui constitue une véritable métaphore, provient d'une spécialisation du mot dans la langue sacrée. Dans les milieux religieux, *regin*

---

1. S. Bugge nie cette parenté. *The Home of the Eddic Poems,* p. xi..

2. Cf. pour le scandinave : H. Naumann, *Altnordische Namenstudien,* Berlin, 1912, p. 56. — Müllenhoff a contesté le sens de « dieux » dans les noms de personne : *ragin-, regin-* ne serviraient qu'à renforcer le second terme. Cette théorie, reprise par Schönfeld (*Wb. der altgerm. Personen- und Völkernamen,* p. 184), se fonde surtout sur l'exemple des composés comme v. sax. *regin-thiof,* v. angl. *regn-þeóf* « fieffé voleur », v. n. *regin-dómr* « jugement suprême » où le premier terme a en effet la valeur d'un préfixe de renforcement. Cette valeur est certainement secondaire et s'explique aisément. Le même développement s'observe en scand. pour *tý-* : cf. v. n. *týframr* (*Haustl.* 1) « vaillant comme les dieux » d'où « très vaillant ».

« décisions » a pris le sens de « décisions célestes », puis
« dieux qui décident ». Il est devenu impossible d'appliquer le mot ainsi spécialisé aux décisions humaines. Le
sens religieux a rompu tous les liens étymologiques. Le
même phénomène s'est reproduit plusieurs fois à une
époque plus récente. La formule *røð ok regin* (*Hák.* 18)
« les décisions et les dieux » répète dans le premier mot
(*ráð* « décision ») le sens étymologique du second. Dans
cet exemple unique, l'emploi de *ráð* semble inspiré au
scalde par l'allitération : il ne s'agit que d'une métaphore
poétique. Le développement de « décisions » à « dieux »
est seulement amorcé. Il n'a pu se poursuivre que pour
le mot *regin*, d'un usage courant dans la langue religieuse.
Les mêmes remarques s'appliquent aux mots *bønd* et *hopt*
(cf. § 17), où le sens métaphorique de « dieux », limité
au vocabulaire poétique, n'a pu effacer le sens étymologique de « liens ».

Les *regin* sont donc les « puissances qui décident ». La
Vǫlospǫ (*Vsp.* 6, 9, 23, 25) montre les dieux réunis en
« conseil » pour exercer leur juridiction souveraine. Quand
ils veulent délibérer, ils se rendent à leurs *rǫkstólar* : c'est
là qu'ils décident du sort (*rǫk*) des hommes et du monde.
Leurs sentences s'appellent en v. sax. *regano giskapu*
(*Hel.* 2594, 3347) « décisions des dieux ».

Le lat. *nūmen* présente un développement sémantique
analogue à celui du mot germanique. Ce parallélisme
s'explique par le caractère abstrait de la religion indo-
européenne. Chez les Romains et chez les Germains, les
dieux n'ont pas été, à l'origine, des dieux personnels,
mais des puissances (*nūmina, regin*) directrices de la destinée humaine.

16. Scand. *regin* « dieux » est attesté, avant le début
de la tradition littéraire, sur la pierre suédoise de Fy-
runga, dont l'inscription runique date de 700 environ.
Par un hasard singulier, la formule allitérante de l'Edda
rúnar reginkunnar (*Hávm.* 80) « les runes qui viennent
des dieux » se trouve déjà dans ce texte épigraphique :

RUNO RAGINAKU(N)DO [1]. Cette coïncidence permet d'affirmer que, sur ce point, la tradition poétique du xe siècle utilise et prolonge la tradition religieuse des âges précédents.

L'absence de textes liturgiques ne permet que des hypothèses sur la langue technique du culte païen. Le caractère littéraire, qui rend suspects les textes du xe siècle, s'est encore exagéré par l'usage que les scaldes chrétiens ont fait du vocabulaire ancien. Dans leur Art poétique, *regin* est un simple *heiti* des « dieux païens » (*SnE*. I, 470; II, 430, 514 *rægin heita goð hæiðin*) [2].

Mais il semble que *regin* soit resté jusque dans les derniers temps du paganisme un mot de la langue religieuse. On le trouve tout d'abord dans le nom d'un ornement religieux qui servait sans doute à un usage cultuel. Dans la salle du temple païen où l'on faisait les repas sacrificiels, les colonnes du siège d'honneur, occupé par l'officiant, étaient garnies de clous, appelés *reginnaglar* « clous des dieux » [3]. La saga (*Eyrb*. ch. 4) ne précise pas leur usage. Mais l'existence du mot est confirmée par une *kenning* chrétienne du xie siècle (* Þloft*. 3, 10).

Les composés *ginnregin* et *uppregin* ne semblent pas non plus être des inventions poétiques. *Uppregin* « les dieux d'en haut » (*Alv*. 10) rappelle le composé *upphiminn* (attesté dans d'autres langues germaniques) où le ciel

1. Cf. Brate, *Ark.*, XIV, 331 sq. et S. Bugge, *Ark.*, XV, 142 sqq. - — *regin-kunnr* comme got. *himina-kunds* « d'origine céleste ».

2. Dès le xe siècle, il existait à côté de *regin* une forme monosyllabique *rǫgn* (*Eg. Lv.* 19), analogique des cas obliques *ragna*, *rǫgnum* (cf. F. Jónsson, *Det norsk-islandske Skjaldesprog*, p. 26). Les théoriciens chrétiens considèrent les deux formes comme deux mots différents. *SnE*. I, 470 cite seulement *rǫgn*, mais *SnE*. II, 430; 514 cite *rægin* et *rǫgn* (*rægin heita goð hæiðin bǫnd ok rǫgn*).

3. Ces colonnes (*ǫndvegissúlur*) constituaient une sorte d'autel domestique. Beaucoup de Norvégiens les emportèrent en Islande. Arrivés près de la côte, il les jetaient par-dessus bord et fondaient leur nouveau foyer à l'endroit où la mer les avaient poussées. Le dieu Thor était sculpté sur l'une des *ǫndvegissúlur* de Þórólfr Mostrarskegg (*Eyrb*. ch. 4, *Landn*. 31[30]), cf. V. Guðmundsson, *Privatboligen på Island i Sagatiden*, p. 185.

s'oppose à la terre. *Ginnregin* « les dieux très grands »,
attesté chez un scalde du ixe siècle (*Haustl.* 13) et dans
plusieurs chants eddiques (*Hávm.* 80, 142; *Hym.* 4; *Alv.*
20, 3ơ) contient le mot (adjectil ?) *ginn-* caractéristique
d'un autre mot sacré *ginnheilagr* « très saint » (*ginnheilog
goþ* : *Vsp.* 6, 9, 23, 25; *Lok.* 11)[1].

Il faut enfin signaler l'expression eddique *ragna
rọk* « l'ultime destin, la fin des dieux » (*Vsp.* 44;
Vafþr 55; *Bdr.* 14, etc.) devenue plus tard *ragna røkr*
« les ténèbres des dieux » (*Lok.* 39)[2]. Elle désigne la
catastrophe qui mettra fin au monde et au règne des
dieux. L'emploi de *regin* dans cette formule s'explique
d'abord par l'allitération qui soude les deux termes[3].
Mais il se peut aussi que *regin* se soit imposé par
son sens. C'est lui qui désignait les dieux souverains,
les puissances dont la volonté fait le destin des hommes.
Le jour du Ragnarok, les dieux « mourront » (*Vafþr.*
47), les destins « se déchireront » (*rjúfask* : *Vafþr.* 52;
Grí. 4 et souv.) comme des liens qui enserrent le monde.

Le mot semble donc avoir gardé son caractère religieux : il a continué d'exprimer la conception païenne de
la destinée. Il a disparu avec le paganisme. Il n'est pas
attesté dans la poésie de l'époque chrétienne[4].

1. F. Jónsson (*Litter. Hist.*, I, 168; *Goðafræði*, p. 28; *Lex. Poet.*
s. voc.) admet que *ginnregin* désigne spécialement les Vanes. Cette spécialisation, peut-être attestée par *Alv.* 20, 30, ne semble pas reposer
sur un usage technique de la langue religieuse. — Dans *Hym.* 4,
ginnregin ne désigne pas une classe de dieux distincte des *goþ* ou *tívar*
(cf. § 12)., pas davantage que *ginnheilog goþ* dans *Vsp.* 6.

2. Le franç. *Crépuscule des dieux* (qui traduit aujourd'hui l'allem. *Göt-
terdämmerung*, imaginé par Simrock) est déjà employé au xviiie siècle
par Mallet, *Monuments de la mythologie et de la poésie des Celtes et parti
culièrement des anciens Scandinaves. etc.* Copenhague, 1756.

3. L'expression (*ọll*) *tíva rọk* (*Vafþr.* 38, 42) signifie « (toute) l'histoire
des dieux » (cf. § 12). Chacun des termes y a son sens autonome. Elle est
évidemment postérieure à la cristallisation de *ragna rọk* en une unité sémantique.

4. En prose, on trouve *regin* dans les récits mythologiques (cf. *Fld.*, I,
373[1]). La locution *mæla rún ok regin við e-n.* attestée une fois seulement
(*Ölk.*, 20[3]) est obscure.

III. — *Les mots scandinaves.*

17. *bǫnd* et *hǫpt*. — Les substantifs neutres *band* et *hapt* qui signifient « lien » dans la langue générale sont employés au pluriel[1] par les poètes païens pour désigner les dieux. L'origine de la métaphore n'est pas douteuse. Les dieux sont les liens qui enserrent le monde : on vient de le voir à propos de *regin* (§ 15) et de *ragna rǫk* (§ 16).

Bǫnd et *hǫpt* sont tous deux attestés dès le ixe siècle (*Haustl.* 17 et 3). Au xe siècle, *hǫpt* est un mot très rare (3 ex. : *Gráf.* 1 ; *Vell.* 16 ; *Þdr.* 3), *bǫnd* est au contraire très aimé des scaldes (12 ex. : *Eg. Lv.* 19, 28 ; *Hák.* 10 ; *Húsdr.* 4 ; *GSúrs.* 27 ; *Vell.* 9, 15, etc.). On le trouve même une fois dans un chant eddique (*Hávm.* 109).

La coexistence du sens métaphorique « dieux » et du sens normal « liens » suffit à prouver que le premier est resté confiné dans la langue des scaldes. Il y en a une autre preuve. *Hǫpt* calque visiblement la métaphore imaginée pour *bǫnd*. Dès que les poètes eurent eu l'idée de désigner les dieux par le mot « liens », tous les mots qui signifiaient « liens » dans la langue générale ont pris dans le vocabulaire scaldique le sens de « dieux ». La dérivation synonymique est un trait caractéristique des langues spéciales[2].

18. *fjǫrg* (N. plur.) « les dieux ». — Ce mot est, au point de vue étymologique, le même que v. n. *fjǫr* « vie » (germ. *ferhva-*)[3] : pour la forme et pour le sens étymologique, il correspond au v. angl. *feorh* « vie » et « être vivant ».

Le sens « dieux » ne s'impose pas dans *Lok.* 19, où *fjǫrg ǫll* peut désigner « toutes les créatures » (qui haïssent

---

1. Sur l'emploi du singulier *band, hapt* au sens de « dieu », cf. *infra* § 24.

2. Cf Meillet, *Année sociol.*, IX (1906), p. 16.

3. Cf. Noreen, *Altisl. Gram.*[3], § 307. 3. a.

Loki). Mais il est attesté de façon certaine par le composé *fjarghús* « maison des dieux, temple » (*Akv.* 39, 42)[1] et par la substitution de *fjarg-* à *goþ* dans le mot *goþvefr* « étoffe précieuse », devenu *fjargvefr* dans un poème scaldique du XIᵉ siècle (*ÞKolb. Lv.* 12)[2].

19. *jóln* (N. plur.?) n'est attesté que dans un texte du Xᵉ siècle; *jólna sumbl* « le banquet des dieux » est une *kenning* de la poésie (*Hál.* 16). Les théoriciens du XIIIᵉ siècle ne connaissaient pas la forme du nominatif : sur le génitif *jólna* ils ont refait un masc. plur. *jǫlnar* (*SnE.* I, 470) et un neutre plur. *jǫln* (*SnE.* II, 494[16]).

L'étymologie du mot est inconnue. Le *heiti* d'Odin *Jólnir* est sans doute dérivé de *jóln* : Odin est le souverain des *jóln* (cf. Odin = *Rǫgnir* en sa qualité de souverain des *regin, rǫgn*).

20. *díar* (M. plur.) n'est attesté qu'une fois au Xᵉ siècle dans une strophe de Kormákr (*Korm.* 1, 3) : *día fjǫrðr* « le fjord des dieux », c'est-à-dire « la boisson des dieux » est une *kenning* de la « poésie ». Le mot est passé de là dans le catalogue des *heiti* de dieux païens (*SnE.* I, 470).

L'origine du mot *díar* n'est pas douteuse. C'est un emprunt au v. irl. *día* « dieu » (cf. § 9). Un mot irlandais ne surprend pas dans la langue de Kormákr : il était né en Islande, d'une famille certainement originaire d'Irlande[3]. On ne saurait préciser l'extension que le mot étranger a prise en scandinave. Il y a tout lieu de penser que l'usage en est resté très limité. Les douze prêtres du temple, dont Odin s'était entouré quand il régnait en Suède, s'appelaient *díar* selon Snorre (*Ynglingasaga* ch. 2 et 6). Quelle que soit la tradition dont Snorre s'est ins-

---

1. K. Gislason (*Efterladte Skrifter*, I, 175) compare *fjarghús* à v. angl. *feorh -hús* « maison de l'âme, corps ». Mais ce sens ne convient pas dans *Akv.*, notamment *Akv.* 42, où il est question de maison incendiée et « fumante ».

2. Le scand. *goþvefr* ou *guþvefr* est d'origine étrangère. L'assimilation du premier terme au mot *goþ* « dieu » est le résultat d'une interprétation étymologique, cf. Falk, *Altnordische Kleiderkunde*, 1919, p. 65.

3. Cf. S. Bugge, *Aarb. f. nord. Oldk.*, 1889, p. 2 sqq.

piré, le titre, accordé aux prototypes des douze Ases, n'a pu être qu'un mot rare.

21. *véar* (M. plur.), attesté une fois dans l'Edda (*Hym.* 39) est le pluriel de l'adjectif germ. **wīha-* « saint ». On sait que cet adjectif a été remplacé de bonne heure par *heilagr* : il n'en subsiste que des traces à l'époque historique (*vé* « temple », composé *vé-bǫnd* « chaines sacrées »). Le nom propre *Véi*, nom du frère d'Odin et de Vili, et le nom générique des dieux *véar* sont antérieurs à la disparition de l'adjectif.

B. — Le mot *goþ*.

22. Le mot **guða-* est caractéristique du germanique, comme θεός l'est du grec.

Du point de vue indo-européen, c'est un thème neutre de participe en -*to*- : **ghu-tó-m*.

Le genre du mot est caractéristique de la conception abstraite des dieux dans la religion indo-européenne (cf. § 15). Le neutre ne sert que pour les choses ; il désigne ici une puissance divine qui n'est pas envisagée comme une personne. On a vu plus haut que les dieux adorés par les Germains étaient, à l'origine, les puissances directrices de la destinée humaine. Avant de s'appliquer à des personnes divines, le mot **guða-* a désigné tout d'abord les forces impersonnelles auxquelles on rendait un culte.

Il est difficile de déterminer avec certitude le radical indo-européen, d'où ce mot est tiré[1]. On a pensé au thème skr. *hū-* « appeler, invoquer » et l'on a rapproché le mot germanique de l'épithète d'Indra *puru-hūtaḥ* « qu'on invoque beaucoup ». Cette théorie est généralement admise[2]. Une autre étymologie semble pourtant préférable.

---

1. Le mot a exercé la sagacité de tous les étymologues depuis les débuts de la grammaire comparée. On trouvera une bibliographie (incomplète) : pour l'époque ancienne, dans O. Schade, *Altdeutsches Wb.*[2], p. 342 ; pour l'époque moderne dans Feist, *Etym. Wb. der got. Spr.*, p. 120.

2. Cf. surtout Osthoff, *Bezz. Beitr.*, XXIV, 177 et *Morph. Untersuch.*,

Il existe un thème skr. *hu-* qui signifie « verser, faire une libation » et plusieurs groupes de dialectes témoignent qu'il s'agit d'un mot religieux ancien : skr. *juhóti* « verse dans le feu, sacrifie » ; skr. *hótar-*, av. *zaotar-* « prêtre » ; skr. *hotrá-*, av. *zaoθra-* « libation » ; gr. χύτρα « eau bénite »[1]. Dans les verbes gr. χέω, lat. *fundo*, got. *giutan*, le sens religieux a disparu[2].

Selon toute vraisemblance, le germ. **guđa* répond au participe skr. *hutáḥ* et signifie comme lui « (divinité) à laquelle on fait une libation ».

23. Ce mot **guđa-* est représenté dans tous les dialectes germaniques : got. *guþ*, vha. *got*, v. sax., v. angl., v. fris. *god*, scand. occid. *goþ*, scand. or. *guþ*.

On a souvent remarqué l'unité du vocabulaire germanique ; il faut la souligner ici, car elle a joué dans la constitution du vocabulaire chrétien de chaque dialecte un rôle très important. Les Germains n'ont pas créé leur vocabulaire religieux indépendamment les uns des autres. L'adaptation des mots païens ne s'est pas faite dans chaque langue de façon autonome, mais sous l'influence et par copie consciente des langues voisines. Ces calques ont été favorisés par la très grande ressemblance des différents vocabulaires.

Les circonstances de la conversion ont contribué à créer l'unité de la terminologie religieuse. La conversion, qui s'est étendue sur une très longue période, a permis toute une série d'influences réciproques. Le vocabulaire chrétien qu'Ulfila avait créé sur le Danube pour les besoins de sa prédication a eu le temps et l'occasion de se propager jusque dans le nord de l'Europe. Le sens

IV, 84 sqq. ; Uhlenbeck, *PBB.*, XXX, 285 et les dictionnaires étymologiques de Kluge pour l'allemand, Falk-Torp pour le scandinave, Franck pour le hollandais.

1. Cf. Brugmann, *Grundr. d. vergl. Gram.*[2], I, 1, p. 552.

2. L'étymologie qui rapproche le germ. de gr. χυτός « fondu » (Meringer, *I. F.*, XVII, 153 ; XVIII, 280) et admet que le mot a tout d'abord désigné des idoles (? de bronze) est tout à fait invraisemblable.

religieux donné par l'évêque des Goths à *fastan* « jeûner »
et *daupjan* « baptiser » a été utilisé par tous les Germains
à mesure qu'ils adoptaient la nouvelle religion.

Le scandinave forme le dernier anneau de la chaîne des
calques. Il suffirait donc de dire que le mot *goþ* a été
appliqué au dieu des chrétiens par imitation de l'usage
anglais, frison et bas-allemand[1]. Mais pourquoi les autres
langues germaniques ont-elles adapté le mot **guđa-*? La
raison de l'adaptation se devine sans doute, mais seul le
scandinave permet un contrôle rigoureux.

24. Si l'on considère les mots païens qui signifient
« dieu », il apparaît immédiatement que, dans l'usage
normal, ils ne comportent pas de singulier.

Les mots étudiés plus haut se répartissent en deux
groupes :

1° *La plupart ne sont attestés qu'au pluriel.* — Le mot
regin est l'exemple le plus caractéristique (cf. § 15); il
est d'autant plus intéressant qu'il appartient véritable-
ment à la langue religieuse, et non pas seulement au
lexique de la poésie. L'étymologie explique l'absence de
singulier : le mot n'évoque pas la notion de divinité incar-
née dans telle ou telle figure divine, mais les décisions
souveraines où se manifeste la puissance du ciel. Pourtant,
le sens étymologique aurait pu disparaître; du pluriel
« dieux » on aurait pu tirer un singulier analogique. On
ne l'a pas fait. L'expression *róð ok regin* témoigne que le
paganisme avait besoin d'un pluriel pour exprimer sa
conception du destin décidé au conseil des dieux.

Les mots *jóln* et *fjǫrg*, *véar* et *díar* rentrent dans la
même classe, mais ils sont trop mal connus pour qu'on
puisse fonder sur eux.

2° *Quelques-uns sont attestés au singulier.* Mais un exa-

---

1. Cf. pour l'utilisation de *guþ* en gotique, K. Weinhold, *Die got. Sprache
im Dienste des Kristenthums*, 1870, p. 5 sq.; en allemand, R. v. Maurer,
Die Einwirkung des Christenthums auf die ahd. Sprache, 1845, p. 338 sq.;
en anglais, O. Jespersen, *Growth and structure of the english language*,
1905, p. 43.

men attentif des exemples révèle que l'usage de ces mots
au singulier constitue un procédé poétique et contredit la
logique même de la langue.

On a vu (§ 17) que *bǫnd* et *hǫpt* signifient « liens »
dans la langue générale et que le sens spécial de « dieux »
n'apparaît qu'au pluriel. En effet, un dieu ne constitue
pas un « lien ». Les dieux ne peuvent être comparés à des
« liens » que par le jeu de leurs puissances combinées
qui forment un véritable réseau autour du monde des
hommes. Il y a pourtant pour chacun de ces mots un
exemple de singulier.

Band « divinité » : dans une strophe de Gísli Súrsson
(*GSúrs*. 27). La femme peut être dénommée « déesse de
l'or ». D'où la *kenning* : *vala hreifislóðar báls band* « la
divinité (*band*) du feu (*bál*) du chemin mobile (*hreifislóð*)
des faucons (*valr*) ». Le bras est le « chemin mobile des
faucons » ; l'or (le bracelet d'or) est le « feu du bras ».

Hapt « divinité » : dans la *Þórsdrápa* de Eilífr Goðrú-
narson (*Þdr*. 3). Loki est dénommé « l'époux de Sigyn » :
galdrs hapts arma farmr « la charge des bras (c'est-à-dire
l'époux) de la divinité de l'incantation » (= *Sigvinjar arma
farmr* dans *Haustl*. 7)[1]. La dénomination de Sigyn (*galdrs
hapt*) est obscure ; mais le sing. de *hapt* ne saurait être
mis en doute.

On voit le caractère de ces exemples. Il s'agit d'une
technique poétique très particulière qui s'écarte auda-
cieusement de l'expression banale. L'artifice est partout
sensible, dans le tour de la pensée comme dans le choix
des mots. Le singulier *band, hapt* est une innovation dont
le but est de fournir des *heiti* nouveaux du singulier *goð*.
La pénurie de mots poétiques susceptibles de désigner
une divinité a poussé les scaldes à abstraire du pluriel
bǫnd, hǫpt, un sens qui logiquement n'appartenait pas au
singulier.

---

1. Je suis l'interprétation donnée par F. Jónsson dans *Den norsk-islandske
Skjaldedigtning*. Sv. Egilsson en avait proposé une assez différente (*SnE.*
III, 26).

L'histoire très particulière de *Týr*, *tívar* confirme ces observations (§§ 12-14). Seul, le plur. *tívar* est d'origine ancienne. Le singulier était tout d'abord le nom d'un dieu. C'est l'usage métaphorique du nom propre dans les *kenningar* des dieux qui a permis de l'employer comme appellatif, synonyme de *goþ*, dans la langue poétique.

25. Il apparaît ainsi que le vocabulaire païen n'avait qu'un mot « dieu » comportant un singulier, à savoir *goþ*. C'est à ce mot qu'on avait recours pour désigner un dieu isolé. Le soleil s'appelle dans l'Edda *skínanda goþ* « le dieu brillant » (*Grí.* 38; *Sigrdr.* 15) ou *skírleitt goþ* « le dieu à la face brillante » (*Grí.* 39). Substantif neutre, il s'applique aux divinités des deux sexes, de même que le genre grammatical du mot « divinité » ne limite pas son usage : ce sont des signes évoquant une notion générale qu'on peut spécialiser à son gré. Skaði, la déesse qui chasse dans les neiges du nord de la Norvège, s'appelle aussi bien *ǫndur-goþ* « divinité du ski » (*Haustl.* 7) que *ǫndur-dís* (*Rdr.* 20) « dise du ski ». Odin, le dieu qui reçoit les victimes pendues, s'appelle *hanga-goþ* aussi bien que *hanga-Týr*.

Dès que Christ, le dieu étranger, se fut imposé à l'attention des païens, il devint un *goþ*, comme toutes leurs autres divinités, dieux et déesses (§ 5). Le vocabulaire scandinave disposait de termes divers pour désigner la pluralité des puissances célestes, mais il n'avait qu'un mot pour désigner un dieu isolé. L'adaptation commença donc sans l'intervention des missionnaires. Quand ils arrivèrent : Allemands, Frisons ou Anglais, ils ne purent que la ratifier puisqu'elle correspondait à l'usage de leur langue.

Entré dans le vocabulaire chrétien, le mot païen a été l'objet d'une série d'innovations qui portent sur le genre, le vocalisme et la flexion.

DEUXIÈME PARTIE

LES INNOVATIONS

CHAPITRE III

LE GENRE

26. Le mot païen était de genre neutre (N.); il est devenu masculin (M.) dans le vocabulaire chrétien.

Cette innovation a précédé toutes les autres. C'est elle qui a commandé le passage du mot dans de nouvelles catégories flexionnelles; c'est elle qui a créé dans la langue religieuse une démarcation très nette entre le sens de « vrai Dieu » et celui de « faux dieux ».

On étudiera les faits scandinaves successivement au point de vue :

A. de la répartition des formes des deux genres;

B. de l'histoire de ces deux formes en fonction de leur valeur sémantique.

A. — RÉPARTITION DES DEUX GENRES.

I. — *Le genre neutre.*

27. Le genre N. du mot germanique *guda-* ne saurait faire de doute[1]. Il est attesté par une double série de témoignages :

1° *La forme du nominatif singulier.* — Dans les dialectes archaïques, où les thèmes M. ont gardé au nom. leur an-

---

1. Cf. J. Grimm, *D. Mythol.*[4]. I. p. 12 ; *D. Gram.*[2]. III, p. 346.

cienne désinence germ. *-az* (got. *-s*, scand. *-R*), il apparaît nettement que le mot **guda-* est un ancien thème N. et que le genre masculin constitue une innovation. Le got. a *gud* (écrit *gþ*, abréviation de l'acc.) en face du nom. M. *dag-s*; le scandinave runique a KUÞ en face de DAGR. Il y a donc contradiction entre le genre M. qui est récent et la forme du thème qui est celle des thèmes N. (cf. got. *waúrd*, scand. *orþ* sans désinence).

2° *La flexion du pluriel*. — Dans la plupart des dialectes, le mot, devenu M., a reçu la flexion des thèmes masculins. Mais il subsiste encore, au nom. acc. pluriel, des vestiges importants de l'ancienne flexion N.

En gotique[1], toutes les formes de pluriel attestées ont les désinences des thèmes N., soit dans le simple : *guda* et *gþa* « θεοί » (Jean, 10, 34 et 35. Gal. 4, 8), soit dans le composé *galiugaguda* « εἴδωλα » (I Cor. 10, 19 et 20) cf. *waúrda*.

En vieux-haut-allemand[2], le simple *got* suit toujours au pluriel la flexion des thèmes M. : *gota* « dii ». Mais, dans le composé *abgot* « idolum », qui a conservé très longtemps le genre N. (encore mha. *daz abgot* à côté de *der abgot*), le nom. acc. pluriel reste d'abord *abgot* (flexion des N.) en face de *abgota* (flexion des thèmes M. = v. sax. *afgoda* M.), puis emprunte la désinence *-ir* aux thèmes N. consonantiques : *abgotir*, comme *lamb*, *lembir*. En allemand moderne, le genre M. a triomphé, mais le plur. *Abgötter* garde la trace de l'ancienne flexion N.

En vieil-anglais[3], le plur. *godu* N. « dei, dæmonia » est très souvent attesté à côté du plur. *godas* M.

1. Cf. K. Weinhold, *op. cit.*, p. 6 ; W. Streitberg, *Got. Elementarbuch*, § 133. Anm.

2. Cf. les formes dans Graff, *Ahd. Sprachschatz*, IV, 149. — Vha. *gota* mais *abgot* et *abgotir* : Raumer, *op. cit.*, p. 339 ; Braune, *Ahd. Gram.*[2], § 194, Anm. 3, § 197 ; J. Schatz, *Altbair. Gram.*, § 98 (p. 110) ; J. Franck, *Altfränk. Gram.*, § 132 (p. 176). — Mha. *gote* mais *abgöter* : H. Paul, *Mhd. Gram.*[6], § 119 Anm. 4. — V. sax. *afgoda* : J. H. Gallée, *Altsächs. Gram.*[2], § 297, Anm. 6 a. (p. 198).

3. Cf. Bosworth-Toller, *An Anglo-Saxon Dictionary*, qui distingue les deux mots : *god* M. et *god* N.

C'est en scandinave que les traces du genre N. sont les plus nombreuses et les plus tenaces. Il faut toutefois distinguer entre les dialectes orientaux (danois et suédois) et les dialectes occidentaux (norvégien et islandais).

28. **En scandinave oriental**, les témoignages sont du même ordre que ceux de l'allemand. Cela tient à une circonstance fortuite : l'absence de documents païens et à une raison plus profonde : la similitude du développement historique. En Suède et au Danemark, la civilisation chrétienne a complètement aboli le souvenir des temps païens : la conversion a effacé le passé, comme elle l'avait fait sur le continent.

En danois et en suédois, le genre N. n'a survécu que dans deux cas isolés[1] : 1° dans certains composés (comme en allemand); 2° dans certaines formules juridiques héritées du paganisme.

29. 1° *Dans le composé* v. suéd. *afguþ*, v. dan. *afgudh*, calqué après la conversion sur le bas-allem. *afgod*, il y a encore des traces du genre N. Elles sont d'autant plus remarquables que le modèle du calque était M.

V. suéd. *afguþ* est généralement N.[2], mais, vers la fin du moyen âge, le genre s'est modifié sous l'influence du mot *guþ*. Le *Cod. Holm. A. 34. (Codex Bureanus)*, copié vers le milieu du xıvᵉ siècle sur des modèles du siècle précédent, présente un curieux mélange de formes anciennes et nouvelles. Le simple *guþ* (« Dieu » ou « les faux dieux ») est toujours M. Mais le composé *afguþ* est tantôt N. (p. ex. *cet af guþ som hæt diana* « une idole qui s'appelait Diane » (*Bu.* 134¹⁷); *afguþet calla mæn astarot*

---

1. Le N. dans la *Jertegns Postil* de Christiern Pedersen (Paris, 1515) : *oc kende hannwm for sit gwd skabere och son* « et elle (Marie) le reconnut (l'enfant Jésus) pour son dieu, créateur et fils » (*Danske Skrifter*, éd. Brandt-Fenger, I, 54¹⁷) ne peut être qu'une faute d'impression. J. Levin (*Oplysende Anmærkninger og Undersøgelser til J. Levins Haandbog i det danske Sprogs Grammatik*, p. 63) en signale une autre du même genre dans le même ouvrage de Chr. Pedersen : *en Lys* au lieu de *et Lys*. Le changement de genre ne peut être imputé à l'auteur qui était seelandais.

2. Cf. Söderwall (*s. voc.*).

203³ « on appelle l'idole Astarot »), tantôt M. (*af guþen* « l'idole » 199¹¹). Dans la phrase *viþ hans komo fiollo uiþ iorþ alle egipti lansz afguþ* « à son arrivée toutes les idoles d'Égypte tombèrent par terre » (71⁶), le contraste du substantif *afguþ* qui a la forme d'un pluriel N. et de l'adjectif *alle* qui a la forme d'un pluriel M., est tout à fait instructif. Le copiste a reproduit la forme ancienne du substantif, mais il s'est laissé entraîner, pour l'adjectif, à son instinct linguistique[1].

En danois, le genre N. semble encore attesté au xvᵉ siècle : *oc bygges ther aff sosom ieth augud* « de eo quodam modo quasi idolum fabricatur » (*HSu.* 35¹⁵). Mais l'exemple n'est pas sûr : il provient d'un manuscrit jutlandais (*A. M. 783, 4°*) qui confond le genre N. et le genre commun[2]. Il est, en tout cas, fort vraisemblable que v. dan. *afgudh* a commencé par être N. (cf. §§ 42, 45). Mais l'action analogique du simple *gudh* M. s'est exercée certainement très tôt. Dans le Fragment de Cambridge (*HKv. Camb.*), qui date des premières années du xivᵉ siècle, la forme du plur. *afguthæ* « idola » (*HKv. Camb.* 1¹¹) atteste que le composé était déjà M. vers 1300.

Aujourd'hui, le genre N. a été complètement éliminé. Suéd. *avgud* est M. ; dan. *afgud* est du genre commun.

Le même développement a dû se produire parallèlement dans d'autres composés. V. suéd. *tom(p)ta gudh* « lutin » est généralement M., mais le genre N. est aussi attesté[3].

30. 2° *Dans certaines formules de serment*, attestées dans les manuscrits des lois chrétiennes, L. F. Leffler a découvert une trace curieuse de l'ancien genre N.[4] Les lois provinciales du Danemark et de la Suède sont con-

---

1. Cf. C. J. G. Landtmanson, *Om ordböjningen i fornskriften Codex Bureanus*, 1875, p. 15 ; O. Ottelin, *Studier öfver Codex Bureanus*, II (1905), § 84, pp. 107-108.

2. P. ex. *ien barn* (152³) « un enfant » au lieu de *iet barn*.

3. Cf. Söderwall (*s. voc.*).

4. *Antiqv. tidskr. f. Sverige.* V, 149 sqq., 295 sqq. — Les deux articles sont insérés dans le recueil : L. F. Leffler, *Smärre uppsatser i svensk språkforskning.* Upsala, 1880.

servées dans des manuscrits relativement récents (les
plus vieux sont de la fin du xiiie siècle), mais on s'est servi
pour les rédiger de documents anciens qui consignaient
une tradition orale d'une haute antiquité[1]. L'examen grammatical des formules de serment qu'on prête en justice
atteste que les lois chrétiennes ont recueilli un formulaire
païen. Le mot *guþ* y représente non pas un nom. acc.
sing. M., mais un nom. acc. plur. N.

Dans la loi seelandaise du roi Eric (*EsL.*), on trouve
côte à côte la forme païenne et la forme chrétienne du
serment. Formule chrétienne : *oc tha sculæ the sva sværie
at the bithiæ them sva guth hiælpæ oc hollæn væræ* (*EsL.* 2,
26) « et ils doivent prêter serment qu'ils prient Dieu de
les aider et de leur être clément... ». Le verbe *bithiæ*
« prier » est suivi d'une proposition infinitive, dont le
sujet *guth* M. est à l'acc. ; l'adjectif *hollæn* à l'acc. M.
sing. représente la forme attendue et atteste le genre et
le nombre du mot « Dieu ». Formule païenne : *oc hin
scal thet sværiæ æR æghændæ ær, bithæ sich sva guth
hiælpæ oc holl varthæ* (*EsL.* 3, 21, de même 3, 27) « et
celui qui est le propriétaire doit prêter serment et prier
Dieu de l'aider et de lui être clément... ». En face de
l'adjectif *hollæn*, la forme *holl* représente, du point de vue
historique, un acc. plur. N. qui se rapporte à l'acc. plur.
de *guth* N. « les dieux ». Ces trois exemples sont tirés du
Cod. AM. 455, 12°, qui date des environs de 1300. Un
manuscrit un peu plus récent, le *Cod. AM. 26, 8°* (édité
dans *DgL.* II) a la forme N. *holl* dans les 3 passages
(*DgL.* II, p. 94, 234, 250).

31. En Suède, on retrouve des faits analogues dans le
vénérable *Cod. Holm. B 59* (première main) qui date de
1281-90 et contient la plus ancienne rédaction de la Loi
de Vestrogothie (*VG.* I). La formule *sva (se) mær guð*

---

1. Sur les lois scandinaves en général, cf. K. Maurer, *Udsigt over de
nordgermaniske Retskilders Historie*, 1878. — Sur la tradition suédoise,
cf. l'introduction de L. Beauchet à sa traduction de la *Loi de Vestrogothie*,
Paris, 1894.

hull « que Dieu me soit clément » est attestée 2 fois (Md. 1 § 2 ; 3 pr.) avec la forme *holl* nom. plur. N. au lieu de *holder* nom. sing. M. La même formule est attestée 17 fois, comme proposition infinitive : *biþia sva sær guþ hull* « prier que Dieu lui soit clément » (p. ex. Md. 1 § 3, 3 § 1, etc.) avec la forme *holl, hull,* acc. plur. N. au lieu de *hollæn,* acc. sing. M., attesté 1 fois (*biþi sva sær guþ hollæn* ÞjB. 14).

Cette forme *holl, hull* au lieu de *hollan, hullan* n'est pas une innovation des scribes. Fréquente dans *VG.* I, elle disparaît des textes plus récents. Dans la loi de Magnus Eriksson (*ME.*), la première loi « nationale » de Suède, composée en 1347 et conservée dans un manuscrit contemporain (*Cod. AM. 51, 4°* de 1350 environ), la formule est régulièrement *sua biþer iak mik guþ hullan* « je prie que Dieu me soit clément » (4 fois : KgB. 5 § 8, 6 § 5 ; Egn B. 12 ; ÞjB. 19). De la confrontation de *VG.* I et *ME.*, il ressort très nettement que le bon usage exigeait encore au xive siècle *hullan* (la forme fléchie de l'acc.) ; *hull* est donc une survivance, due à la copie mécanique de manuscrits plus anciens.

32. La forme *hull* atteste que le serment date d'une époque où *guþ* était un pluriel N. Mais les scribes chrétiens n'auraient pas reproduit une formule hérétique. Comment expliquer alors la survivance de la formule ancienne ? Par la contradiction de l'usage oral et de l'usage écrit. Le système compliqué de la flexion des adjectifs, qui s'est maintenu dans la langue écrite jusqu'à la fin du moyen âge, s'était simplifié plus tôt dans la langue parlée. À une époque où l'on écrivait encore *iak biþer mik guþ hullan,* en conservant à l'adjectif attribut sa désinence d'acc. sing. M., cette désinence avait disparu depuis longtemps de la langue parlée[1]. Les scribes ont trouvé très naturel de reproduire la forme de l'adjectif *hull* qui cor-

---

1. Cf. Söderwall, *Hufvudepokerna af svenska språkets utbildning,* 1870, pp. 19, 89. — Leffler, *op. cit.,* pp. 152-3.

respondait à leur usage oral. L'innovation s'est produite plus tôt en danois que dans le suédois plus conservateur. En danois, une forme comme *hollæn*, connue encore vers 1300, est devenue inintelligible cent ans plus tard. Les scribes du xve siècle l'ont copiée de manière inepte ou l'ont interprétée à leur façon[1].

33. Pour le **scandinave occidental**, il n'est pas besoin d'investigations minutieuses. Le mot *goþ* est abondamment attesté dans la littérature païenne du xe siècle : on sait que c'est un substantif de genre N. (cf. § 25). Il suffira de citer quelques exemples, où le genre ressort non seulement de la forme du substantif, mais encore de la flexion de ses épithètes :

Dat. sing. : *eno skírleita goþe* « au dieu au visage brillant » (*Grí.* 39).

Nom. acc. plur. : *ginnheilog goþ* « les dieux très saints » (*Vsp.* 6, 9, 23, 25); *ǫll ginnheilog goþ* « tous les dieux très saints » (*Lok.* 11); *en svǫso goþ* « les dieux cléments » (*Vafþr.* 17, 18).

L'expression *heiðin goð* « les dieux païens » est attestée dès 961 dans un poème païen (*Hák.* 21). Dans cette locution, le genre N. a survécu à la conversion. On le trouve non seulement en norvégien (cf. § 41) et en islandais, mais aussi dans le gotlandais qui a plus d'un rapport avec le scandinave occidental : *haþin guþ* (*GutL.* 7²), *haiþin guþ* (*GutS.* 63²¹). On reviendra sur l'emploi du genre N. à l'époque chrétienne pour en préciser la valeur sémantique.

II. — *Le genre masculin.*

34. Dans tout le germanique, le mot a changé de genre après la conversion. Le substantif païen N. est devenu un

---

1. Cf. les variantes dans *DgL.*, II, p. 94 (note 67), 234 (note 80), 250 (note 8). Type d'interprétation : *hællæn* au lieu de *hullæn*; *hællæn* = *hælghæn* « (Dieu et) les saints ».

substantif M. dans le vocabulaire chrétien. Le fait est si général qu'il suffit de le constater dans quelques exemples[1]. Seule, l'explication présente quelque intérêt.

Got. *guþ meins* « θεέ μου » (Math. 27, 46), *qaþ guþ qiþands* « ὁ θεὸς λέγων » (Marc 12, 26).

Vha. *kot almahtigo* « Deus omnipotens » (St. Emmeramer gebet; Wessobrunner gebet); *trohtin got almahtigo* (Zweite bairische beichte); *got fater almahtigér* « Deus pater omnipotens » (Weissenburger catechismus); *ih bim cino got* « Ego sum deus » (Isidor cap. IV).

V. sax. *alomahtigna god (lobón)* « louer Dieu tout-puissant » (*Hel.* 416); *gelóbistû in got alamehtigan fadaer? ec gelóbo in got alamehtigan fadaer* (Abrenunciatio diaboli).

V. angl. *nys nán man ! gód, buton god ána* « nemo bonus nisi solus Deus » (Luc 18, 19).

35. De même dans tous les dialectes scandinaves, *guþ*, *goþ*, désignant le Dieu de la religion nouvelle, est M.[2]

V. dan. *then alswolende gudh* « le dieu tout-puissant » (*Lucid.* 7'); *Tha badh thorkill allmæctwsthæ gudh, ath han skullæ hanum benodhæ* « alors T. pria Dieu tout-puissant d'avoir pitié de lui » (*Rkr.* 1841).

V. suéd. *gudh alzualdogher* « dieu tout-puissant » (*Bil.* 841[12]); *hedhne mæn wisto ey sannan gudh* « les païens ignoraient le vrai Dieu » (*MB.* I, 67[29]).

V. norv. *at hon var værð at høyra engils orð oc bera af sínu holde sannan guð* « qu'elle (Marie) fut digne d'entendre les paroles de l'ange et de porter dans sa chair le vrai Dieu » (*Hom. norv.* 185').

V. isl. *almáttegr goþ* « Deus omnipotens » (*Hom. isl.* 39[26]).

36. Le changement de genre n'est pas un simple accident grammatical : il correspond à un sens nouveau introduit par le christianisme.

Dans le vocabulaire païen, *goþ* était le signe d'une

---

1. Cf. Weinhold, *op. cit.*, p. 5; Raumer, *op. cit.*, p. 338.

2. Pour le scandinave occidental, cf. B. Kahle, *Die altnord. Sprache im Dienste des Christentums.* Berlin, 1890, pp. 72-3.

notion générale : il évoquait toute une catégorie de divinités des deux sexes. De cet appellatif, le christianisme a
fait le nom de « Dieu ». La transformation de l'appellatif
en un nom propre est le phénomène essentiel auquel tout
le reste se ramène.

Le vieux-haut-allemand a enregistré, de façon tangible,
le passage du nom commun dans la catégorie des noms
de personne. Dès une époque très ancienne, les noms de
personne, terminés par une consonne, prennent à l'acc.
une désinence -an que n'ont pas les thèmes M. en -a-. *Tac*
« jour » fait à l'acc. *tac*, mais *Hartmuot* fait à l'acc.
Hartmuotan. De même les noms étrangers : on trouve
Kristan, acc. de *Krist*. Tous les noms du Dieu chrétien
sont susceptibles d'avoir cette désinence. La forme *cotan*
qui glose *Deum* n'est attestée que trois fois, mais *truhtín*
« Dominus » prend régulièrement la désinence des noms
de personne quand il signifie « le Seigneur »[1].

37. Les faits scandinaves sont lumineux. Ils montrent
que *goþ* a été tout d'abord le synonyme de *Kristr*. Les
premiers siècles chrétiens ont considéré les deux mots
comme deux noms du même être suprême.

Le dieu qui avait reçu l'hommage des païens, le rival
heureux de Thor et d'Odin, avait été Christ, le chef
(*hǫfðingi*) puissant, dont Olaf le Saint parlait aux Islandais qu'il voulait convertir (*Laxd.* ch. 40), « le Christ
puissant qui a créé tout le monde » (*ríkr Kristr skóp alla
verǫld*. Skapti Þóroddsson, avant 1030). Les mystères de
la Trinité restaient impénétrables aux premières généra-
tions chrétiennes. La *þrenning eins goðs* « la trinité du
dieu unique » n'apparaît pas dans la poésie avant le milieu
du xiie siècle (*ESk.* 6, 1). Les scaldes chrétiens chantent
Kristr, Hvítakristr « le Christ blanc » : Dieu le Père n'est
mentionné que par exception. A défaut d'autre précision,
goþ est le plus souvent synonyme de *Kristr*[2].

---

1. Cf. Braune, *Ahd. Gram.*[2], § 195 et *Anm.* 1.

2. Cf. une statistique intéressante dans F. Paasche, *Kristendom og Kvad.*
Kria., 1914, pp. 24-5.

Cette identité de *goþ* et de *Kristr*[1] est prouvée par toute une série de témoignages. Sans doute, il y a des inscriptions tombales comme la pierre runique de Gyldensaa qui invoquent séparément KUÞ AU[K] KRISTR « Dieu et le Christ »[2], mais la majorité recommande l'âme du défunt à « Christ et saint Michel »[3] ou mieux encore à Christ[4] tout seul. Le mot KUÞ[5], qui figure sur tant de tombes scandinaves, n'évoquait pas au xie siècle le dieu trop abstrait des théologiens occidentaux, mais le Christ tout-puissant vers qui montaient les supplications ardentes.

Le début des lois scandinaves, où s'inscrit l'obligation de la vraie foi, exprime de façon saisissante la pensée de leurs rédacteurs. Seule, la loi islandaise parle de *trúa á einn guþ, fǫður ok son ok helgan anda* « croire en un seul Dieu, père, fils et Saint-Esprit » (*Grág.* 1, 3). La loi norvégienne du Gulathing ordonne de *biðja til hins helga Crist árs ok friðar* « de prier Christ pour lui demander bonne récolte et paix » (*G.* 1); pour tous les délits envers la religion, elle prescrit de *bœta við Krist* « faire pénitence à Christ »[6] (*G.* 7 et souvent). Les formules suédoises sont encore plus claires. La loi d'Upland commence par ces mots : *A krist skulu allir kristnir troæ at han ær guþ ok æi æru guþær flere* « Tous les chrétiens doivent croire en Christ qu'il est Dieu et qu'il n'y a pas d'autres dieux » (*U.* KkB. 1). Celle de Sudermanie précise : *Hwar cristin*

---

1. Cf. A. D. Jørgensen, *Den nordiske Kirkes Grundlæggelse og første Udvikling*, 1874-6, I, 574 sq. (« Troens genstand er Kristus »); H. Petersen, *Om Nordboernes Gudedyrkelse og Gudetro i Hedenold*, 1876, p. 128; B. Kahle, *Ark.*, XVII, 25 ; A. Olrik, *Nordisk Aandsliv i Vikingetid og tidlig Middelalder*, 1907, p. 70 sq. — F. Paasche, *op. cit.*, p. 24, apporte quelque tempérament à la théorie de Jørgensen.

2. Cf. Wimmer, *Danske Runemindesmærker* (éd. Lis Jacobsen), n° 163. — F. Paasche, *op. cit.*, p. 24, cite des expressions scaldiques du même ordre.

3. Cf. Wimmer, *op. cit.*, n°s 96, 167.

4. Cf. Wimmer, *op. cit.*, n°s 165, 166, 169, 173, 250.

5. Cf. Wimmer, *op. cit.*, n°s 58, 59, 64, 131, 139, etc.

6. L'expression devient ensuite *bœta við guð*, cf. Edv. Bull, *Folk og Kirke i Middelalderen*, 1912, p. 107.

*man cristnam will bæræ scal a crist eynæn at troa þy at
han ær enwaldugher i guddome ok þrefaldugher at namni
faþer ok sun ok þæn helghi anð* « Tout chrétien qui veut
porter le nom de chrétien doit croire en un seul Christ,
car il est un en divinité et triple de nom : le père, le fils
et le Saint-Esprit » (*SM.* KkB. 1 pr.).

L'expression *troa a crist eynæn* contredit ici, de façon
curieuse, le dogme traditionnel énoncé dans la même
phrase. Elle témoigne que Christ était encore à la fin du
XIIIe siècle le nom du *trinus deus et simplex.* Cette confu-
sion, qui date des premiers jours de la conversion, a été
l'agent essentiel du changement de genre. *Goþ* est devenu
M., parce qu'on en a fait (avec *dróttinn* M.) l'un des
noms du Dieu qui s'appelait *Kristr* M. Ce résultat con-
corde avec les faits de grammaire signalés en vieux-haut-
allemānd (§ 36).

38. Il faut indiquer aussi l'influence de la terminologie
latine. La langue liturgique de l'Église associe au mot
deus des appositions comme *dominus* ou *pater.* Ces expressions *dominus deus* et *deus pater*, traduites très tôt en langue vulgaire, ont aidé à fixer le genre M.

La traduction de *dominus deus* est attestée dès le milieu
du XIe siècle sur la pierre danoise de Ny Larsker : KUÞ :
TRUTIN : HI(A)LBI : HANS : ONT : AUK : SATA :
MIKIAL « que le Seigneur Dieu secoure son âme ainsi
que saint Michel »[1]. Vers la même époque, le scalde islandais Sigvatr emploie l'expression *goð dróttinn* (*Sigv.* 12,
22, v. 1040).

L'expression *Deus pater* figurait dans le *Credo* (v. n.
kredda) qui était, avec le *Pater Noster*, la prière exigée de
tous les convertis[2]. *Credo in deum patrem omnipotentem
creatorem cæli et terræ* : v. isl. *Ec true a guþ faþor
almatkan scapara himins ok iarþar* (*Hom. isl.*, p. 148);

<hr>

1. Cf. Wimmer, *op. cit.*, n° 149. Cf. la formule : KRISTR· ΗΙΑLΒΙ·
SIOL· HANS· AUK· SANTA· MIGAEL (n° 96), où il apparaît que
KRISTR = KUÞ: TRUTIN.

2. Cf. Maurer, *Bekehr.*, I, 483 et note 61 ; II, 331 et note 18.

v. norv. *vær skulom trua a guð fǫður almatkan scapara himins ok iarðar* (*NgL.* I, 261 = *Hk.* 7); v. suéd. *Jac troor a gudh fadhur alzwaldughen skaparæ himins oc iordher* (*KBr.*, p. 303); v. dan. *jek troor paa gutfather almectustæ sosom hauer skaueth hemmel oc iordh* (*Lucid.* 14).

B. — Histoire des deux genres.

39. L'histoire des deux genres est dominée par un fait de civilisation. Il ne servirait à rien de considérer les groupes de parlers selon leur parenté linguistique. Ce qui importe, c'est la résistance de la tradition nationale païenne dans chacun des pays scandinaves.

La conversion au christianisme a marqué le ralliement définitif de la Scandinavie à la civilisation de l'Europe occidentale. Mais elle a eu, dans le détail, des effets très différents. Au Danemark et en Suède, le changement de religion a brisé net la tradition nationale : les souvenirs du passé païen ont été submergés, puis effacés par la culture ecclésiastique. Quand Saxo voulut raconter l'histoire de son pays, il écrivit en latin pour les clercs de la chrétienté. En Islande au contraire, la civilisation étrangère vint se juxtaposer à la civilisation indigène : elle ne troubla pas la tradition nationale, entretenue avec un orgueil jaloux par des colons fiers de leur histoire et consignée très tôt dans une importante littérature en langue vulgaire. La Norvège tient une place intermédiaire : elle a résisté plus longtemps que le Danemark, mais pas aussi vigoureusement que l'Islande. Elle a gardé d'abord ses souvenirs nationaux, mais a laissé aux Islandais le soin de les recueillir : ses propres historiens sont peu nombreux et se sont accommodés du latin. Bientôt elle s'est abandonnée aux modes étrangères et ses rois ont préféré la littérature d'Occident à la littérature norvégienne[1].

1. Cf. pour le Danemark : C. Rosenberg, *Nordboernes Aandsliv*, II (1880), p. 308 sqq.; A. Olrik, *op. cit.*, p. 96 sqq. — Pour l'Islande : K. Maurer, *Island* (1874), 448 sqq ; F. Jónsson, *Litter. Hist.*, II, 8-15. — Pour la Norvège : Sars, *Udsigt over den norske Historie*, II (1877), 305-356.

I. — *La persistance du genre neutre.*

40. Il convient de commencer par l'Islande, où les faits
sont particulièrement clairs.

Au lendemain de la conversion, il y eu dans le vocabulaire islandais deux mots différents : *goþ* M., désignant le
Dieu de la nouvelle religion, et *goþ* N., désignant les
dieux de l'ancienne religion nationale. Comme l'adhésion
au culte chrétien n'empêchait pas de mêler au présent le
souvenir du passé, de ses hommes et de ses dieux, la différence initiale entre le N. et le M. se précisa au lieu de
s'effacer. Elle est attestée pendant tout le moyen âge
avec une rigueur parfaite et elle vit encore partiellement
aujourd'hui.

Il serait facile de trouver dans les textes médiévaux un
appareil imposant d'exemples. On montrera seulement
qu'il n'y a point de différence entre l'usage de la littérature historique qui s'occupe du passé national et celui de
la littérature religieuse qui s'inspire de sources étrangères.

Dans son œuvre historique, Snorre distingue minutieu-
sement les deux genres.

Dans son *Edda,* il y a un constraste frappant entre le
« Dieu tout-puissant » M. (*almáttigr guð* : *SnE.* I, 2) dont
le nom ouvre la préface, et les divinités N. dont il est
question dans la Mythologie et dans la Poétique. La seule
exception dans l'ouvrage (*hvar er sá guð?* « où est ce
dieu ? » M. *SnE.* I, 38[4]) est faite consciemment en l'honneur d'Odin que Snorre pare, sous le nom de *Allfǫðr,* des
attributs d'un dieu unique.

Dans les passages de l'*Heimskringla* qui racontent la
conversion de la Norvège sous le règne d'Olaf le Saint, le
conflit des religions donne lieu à un emploi des genres particulièrement nuancé. Dans le récit de la conversion de
Dala-Guðbrandr (*Hkr.* : Ól. helg. ch. 112-113), le N. est
employé : 1° par les païens en parlant de leurs dieux en
général ou du dieu Thor en particulier (*Hkr.* II, 228[6, 7, 9],

234[12], 236[5]); 2° par les chrétiens en parlant d'une idole qui représente le dieu Thor (II, 232[6], 234[21], 235[6]). Le M. est employé : 1° par les chrétiens en parlant du vrai Dieu (231[14], 234[19]); 2° par les païens en parlant du dieu des chrétiens (II, 231[22], 232[22], 234[4]).

La littérature religieuse, attestée dans des manuscrits du début du xiiie siècle, confirme l'usage de Snorre. Voici deux exemples tirés de manuscrits écrits entre 1200 et 1250 : *oc þv dyrker sannan goþ oc callir hvg þinn fra þeim er non er(o) sonn goþ* (*AM. 645, 4°*, éd. Larsson, p. 125[11-12] = *Post.* 349[16]) « et que tu honores le vrai Dieu et que tu détournes ton esprit de ceux qui ne sont pas les vrais dieux » ; *þui ero heiþner menn langmæltir viþ goþ sín... en viþ guþ altmátkan...* (*Hom. isl.* 29[3, 5] = *Holm. 15, 4°*) « les païens sont bavards avec leurs dieux... mais avec Dieu tout-puissant... ».

L'opposition du M. « Dieu » et du N. « faux dieu » est d'autant plus intéressante qu'elle n'existe pas dans les textes latins d'où ces passages sont traduits. Le mot N., que l'islandais doit à la ténacité de sa tradition lexicale, a tout d'abord désigné les « faux dieux » indigènes dont il était question dans l'histoire nationale, puis on l'a appliqué à tous les dieux païens de la littérature hagiographique. Aujourd'hui *goþ* N. signifie « heathen god » : on l'emploie pour désigner les divinités (les dieux des deux sexes) de la mythologie gréco-latine aussi bien que celles de la mythologie scandinave (cf. § 46).

41. Cette opposition, si nette et si tenace en Islande, est attestée en **Norvège** à date ancienne. Mais elle ne s'est pas maintenue.

On en trouve des exemples dans des manuscrits du xiiie siècle. Dans *A.M. 310, 4°* qui contient une traduction de la saga d'Olaf Tryggvason (*OTryg.*), rédigée en latin par le moine islandais Oddr Snorrason, on trouve un usage du N. et du M. qui correspond tout à fait à celui de Snorre. Le mot N. désigne soit les idoles (*OTryg.* 72[23]) soit les dieux des Norvégiens païens (*OTryg.* 13[12, 16], 19[32], 56[13, 24]).

La distinction des deux genres pourrait, à la rigueur,
s'expliquer par l'influence de l'original islandais, copié
mécaniquement par le scribe norvégien. Mais on la
retrouve, en dehors de toute influence étrangère, dans un
autre manuscrit de la même époque, *Cod. Havn. (Univ.)*
137, 4° e don. var. qui contient la loi du Gulathing :
vér scolom eigi blota heiðit guð « nous ne devons pas adorer de dieu païen » (*G.* 29). La même formule, avec le
pluriel du substantif, est attestée dans un manuscrit plus
récent qui contient une rédaction, légèrement modifiée,
de la même loi : *ver skulum æigi blota hæiðnar vetter oc
æigi hæiðin guð* « nous ne devons adorer ni esprits païens
ni dieux païens » (*Sv.* 79).

Il est frappant qu'en Norvège le genre N. désigne spécialement les dieux indigènes, dont l'histoire raconte la
défaite et dont la loi interdit le culte : il est caractéristique du style historique et de la langue juridique. La langue juridique favorise l'archaïsme et conserve volontiers
les formules héritées du passé. Dans le style historique,
la volonté de rester fidèle à la tradition nationale a recher-
ché l'archaïsme et s'est aidée du modèle fourni par les
historiens d'Islande. De toute façon, le N. n'est plus au
XIIIe siècle qu'une survivance, limitée à certains vocabulaires spéciaux. Dans la littérature religieuse et chevaleresque, dégagée de ces préoccupations spéciales, l'emploi
analogique du M. se développe avec une ampleur qui correspond à l'usage réel.

42. Les faits qu'on vient d'étudier expliquent la disparition du N. en **Suède** et au **Danemark**. Il n'en reste que
des vestiges (§ 28 sqq.) : ce sont les derniers témoins de
l'opposition du M. et du N. qui a existé comme en Islande
et s'est éliminée comme en Norvège. Il fut une époque,
pendant et après la conversion, où ces langues avaient
les deux mots : le M., véritable mot d'emprunt, et le N.
qui restait le nom des divinités indigènes. Ce n'est point
un hasard que le genre primitif du mot scandinave ait été
si tenace dans le subst. *afguþ* « idole », malgré le genre

M. du mot allemand qu'on imitait (§ 29). Le calque s'est produit avant l'extension analogique du M. Mais, en l'absence d'une tradition nationale et d'une littérature profane en langue vulgaire, cette extension analogique s'est produite plus vite qu'en Norvège. Elle est déjà ancienne, au moment où les premiers textes permettent de la contrôler.

II. — *L'extension du genre masculin.*

43. Elle peut se formuler de la façon suivante. Le genre M. a d'abord été le nom du vrai Dieu et s'est opposé au genre N. qui désignait les divinités scandinaves. A mesure que le genre N. est sorti de l'usage, on s'est servi du M. pour désigner les faux dieux, d'abord ceux de la littérature pieuse, puis ceux dont on pourchassait le culte agonisant. Le M. a eu l'extension la plus rapide et la plus grande dans les pays où le N. était soutenu par la tradition la plus faible.

44. Dès les plus anciens textes **danois** et **suédois**, le M. qui d'abord n'était qu'un nom de personne est devenu un appellatif, susceptible d'avoir un pluriel. Il désigne les faux dieux aussi bien que le vrai Dieu.

Dès le début du xive siècle, on trouve en danois *gac* [*til oc he]thræ guthæ af himnæ* « Accede et adora deos cælestes » (*HKv. Camb.* 1[27]); *swo at allæ landæ vmmæ Danmarch hetrethæ hannum for een guth* « de sorte que tous les pays autour du Danemark l'adorèrent (Odin) comme un dieu » (*GdKr.* 72[19], traduction du latin); *Ther sadh myn gudh vgartilok* « Là était assis mon dieu Loki (v. n. *Útgarða-Loki*) » (*Rkr.* v. 1805). Ces deux derniers exemples montrent qu'au xve siècle, le M. s'appliquait aux dieux de la mythologie scandinave. Il serait intéressant de préciser la date de cet usage au Danemark, mais les textes sont trop récents.

De même, le vieux-suédois n'a plus qu'un mot M., qui désigne indistinctement le vrai Dieu, Odin ou Thor, Proserpine ou Pluton[1].

1. Cf. Söderwall, *s. voc.*

45. En **Norvège**, l'extension du M. est déjà très avan-
cée dans les manuscrits du xiiie siècle, mais l'élimination
du N. n'est pas encore un fait accompli. L'inconséquence
de l'usage écrit, réfrénée pourtant par la tradition littéraire, dénote un état d'instabilité qui eût sans doute
abouti à l'abolition de l'un des genres. Ce résultat, qui a
été acquis par l'intervention de facteurs étrangers, était
l'aboutissant nécessaire du développement indigène.

La distinction des genres, qui se maintient assez
fermement dans les récits de l'histoire nationale (cf.
§ 41), est déjà troublée dans certains manuscrits comme
Cod. Ups. Delag. 8 fol. qui contient la plus ancienne
rédaction de la saga d'Olaf le Saint (*OHm.*). Si l'on
compare la conversion de Dala-Guðbrandr avec la version
islandaise de *Hkr.*, on constate que le norvégien ne
distingue plus les genres avec sûreté. Le N. se maintient
assez bien au pluriel, mais au singulier l'inconséquence
est grande. On trouve le M. appliqué à une divinité
païenne et accolé à son nom : *er ver berom ut Þor guð
varn or husi sinu* « quand nous sortirons Thor notre dieu
de sa maison » (*OHm.* 23[38]). L'exemple est instructif,
car pour l'historien chrétien il s'agit d'une « idole »
(*skurðgoð*), c'est-à-dire du cas typique où le N. s'est
conservé très longtemps.

Le trouble est particulièrement grand dans la littérature religieuse. Dans le *Cod. Holm. 6 fol.*, qui contient
une version norvégienne de la légende de Barlaam et
Josaphat (*Barl.*), il y a tout un précis de mythologie
grecque : les dieux s'appellent *guð*, indifféremment M.
ou N. *Guð þeirra hinn fyrsti oc hinn fremzte het Saturnus*
« le premier et le plus grand de leurs dieux s'appelait
Saturne » (*Barl.* 135[3]). A quelques lignes d'intervalle, on
trouve les deux genres, sans que rien justifie la différence
d'usage : *þa kalla þeir eitt guð sitt Ganimedem* « ils appellent un de leurs dieux Ganymède » (*Barl.* 136[8]), mais
Vulkanum kalla þeir enn einn guð sinn « ils appellent
Vulcain un autre de leurs dieux » (*Barl.* 136[14]). Une sta-

tistique rigoureuse indiquerait sans doute que le M. est le genre normalement employé.

Deux faits dispensent d'ailleurs de compter les formes attestées ; ce sont deux innovations qui marquent l'utilisation maxima du M., aux dépens du mot N. En face du M., le mot N. avait eu d'abord deux caractères essentiels : il avait un pluriel et pouvait désigner des divinités des deux sexes. Au xiiie siècle, le pluriel de *goð* N. est rendu inutile par le pluriel qu'on tire de *guð* M. (*guðir þeirra* « leurs dieux » *Barl.* 134[35]). Et comme *guð* M. ne peut désigner qu'une divinité de sexe masculin, on utilise au sens de déesse le mot *gyðja*[1] qui jadis désignait la femme du *goði* « chef investi de fonctions sacerdotales » (*ástar gyðja* « déesse de l'amour » *Barl.* 135[13]). Le mot N. semblait encore utilisable au sens de « idole » et le genre ancien se maintient fermement dans le composé *skurðguð* « dieu sculpté dans le bois » (*Barl.* 124[34]), comme dans le scand. occid. *afguþ*. Mais il y a des exemples norvégiens du plur. *skurguðir* (*El.* 107[12]). L'élimination du N. et la formation du pluriel M. marquent l'extrême limite du développement.

Barl. a été traduit vers le milieu du xiiie siècle par le roi Hakon le jeune (1232-1257)[2] et le manuscrit qui nous a conservé cette traduction a été écrit vers la même époque. Cette œuvre constitue donc un témoignage positif de la bonne langue du xiiie siècle, en tout cas de l'usage admis à la Cour. Sauf dans le composé *skurðgoð*, le genre N. n'est plus qu'une survivance. Il n'existe plus qu'un seul mot *guð* M., employé dans tous les sens du lat. *deus* au singulier et au pluriel. La distinction primitive des deux genres a été éliminée au profit du M.

46. En **Islande**, la tradition littéraire a pu retarder pendant des siècles le développement analogique du M. qui

---

1. L'utilisation de *gyðja* au sens de « déesse » est sans doute une innovation islandaise (*SnE.*, I, 62[13]). L'Islande a exercé une très forte influence sur la langue littéraire de la Norvège (§ 41).

2. Cf. F. Jónsson, *Litter. Hist.*, II, 985.

était le corollaire du changement de genre, mais elle n'a
pu l'empêcher. Elle a pourtant sauvé de l'oubli le mot N.
qui a survécu à l'extension du M.

L'islandais moderne dispose donc de deux mots : *goð* N.
« heathen god » et *guð* M. « God ». Les mots diffèrent
par le vocalisme, le genre et le sens. La différence
du vocalisme, qui a fini de séparer les deux mots, sera
l'objet d'explications spéciales au chapitre suivant. Le
genre est lié au vocalisme ; les composés sont N. ou M.
selon qu'ils contiennent l'un des deux mots. *Skurðgoð*
« idol, graven image », qui est un vieux mot des sagas,
a donc gardé son genre N. Mais tous les composés nouveaux sont tirés de *guð* et sont M. : *hálfguð* « demi-god »,
falsguð, *hjáguð* « falsegod, idol ».

Le genre a déterminé l'emploi des mots. A cause de son
genre N., *goð* désigne la « divinité » (sing. ou plur.),
tandis que *guð* (plur. *guðir*) désigne le « dieu » (de sexe
masculin) par opposition à *gyðja* (plur. *gyðjur*) « déesse ».
C'est la terminologie des mythologues par exemple. Elle
est arbitraire comme toute terminologie. Dans l'usage
réel, qui ne connaît guère que le M., le plur. *guðir* signifie
les « dieux » comme dans les autres langues scandinaves.
La Bible moderne ne connaît pas d'autre mot.

47. Dans tout le germanique, le changement de genre,
provoqué par la conversion, a eu le même résultat : il y a
eu généralisation du M. et élimination du N. L'islandais
qui garde les deux genres est une exception plus apparente que réelle.

Ce développement s'est réalisé, selon les pays, avec des
vitesses variables. La résistance du N. s'explique par la
continuité de la tradition nationale. Dans tous les pays,
où le M. s'est généralisé rapidement, la tradition nationale a été brusquement interrompue par l'invasion d'une
civilisation étrangère.

Partout où le N. avait une faible résistance, l'élimination s'est produite trop tôt pour qu'on puisse la suivre
dans les textes. Le scandinave donne une idée de cette

histoire qui échappe à notre investigation. Il y a eu trois étapes successives.

Dans l'état de civilisation mixte qui a suivi la conversion, le M. et le N. ont partout coexisté. Le M., nom du vrai Dieu, n'ayant pas de pluriel, on s'est servi du pluriel N. (got. *guda,* v. angl. *godu*) et le sing. N. est resté attaché aux choses du culte vaincu (vha. *abgot* N., scand. or. *afguþ* N.).

Le M. n'a fourni de pluriel (vha. *cota,* v. angl. *godas,* v. suéd., v. norv. *guþir*) qu'après la période de conflit. L'innovation appartient à la langue religieuse et s'oppose au pluriel N., soutenu par la tradition historique du pays.

Dès que cette tradition historique s'est éteinte, le mot N. a disparu, et l'analogie du M. s'est étendue plus tard au composé « idole ». En Allemagne, en Angleterre, au Danemark et en Suède, dans tous les pays que le christianisme a détournés de leur civilisation traditionnelle, l'élimination du N. a suivi de près la conversion. Elle a été retardée en Norvège et empêchée en Islande par la volonté de prolonger la tradition nationale.

CHAPITRE IV

LE VOCALISME

48. Dans une très grande partie du domaine scandinave, le mot « dieu » apparaît à l'époque chrétienne sous deux formes différentes : l'une a le vocalisme *o*, l'autre le vocalisme *u*. Il s'agit de savoir si l'on a utilisé ces deux formes dans des sens distincts et dans quelles conditions cette distinction sémantique a pu se réaliser.

49. Du point de vue germanique, le mot *guđa-* est un thème N. en *-a-*, présentant le degré zéro du vocalisme, comme le mot isolé *hurna-* « corne » ou le subst. *buđa-* « ordre », tiré du verbe « ordonner ».

On sait qu'en germanique le vocalisme de la syllabe radicale se distingue par son extrême sensibilité aux influences diverses des phonèmes voisins. Les voyelles radicales ont perdu l'autonomie qu'elles avaient en indo-européen; leur timbre dépend des éléments vocaliques et consonantiques qui les suivent dans le même mot[1]. L'altération d'un *u* tonique par un *a* suivant, accident que les grammairiens allemands appellent *A-Umlaut*, relève de cette tendance fondamentale du germanique. En allemand, en saxon, en anglais, *guđa-* est devenu *god*, comme *hurna : horn* et *buđa-* : *bod, bot*. La tranche vocalique de la syllabe radicale a subi l'action de la voyelle *a* qui figurait dans certaines désinences, puis le vocalisme *o*, résultat

---

1. Cf. Meillet, *Caractères généraux des langues germaniques*. Paris, 1917, p. 61 sqq.

de l'altération, s'est étendu par analogie à tout le paradigme.

50. En germanique occidental, le phénomène est d'une extrême simplicité. Il est plus compliqué en scandinave. Les formes varient de parler à parler, dans les limites du même dialecte. Il apparaît néanmoins que le scandinave se répartit, dès l'époque ancienne, en deux groupes dialectaux, caractérisés par leur préférence pour la voyelle altérée ou la voyelle non altérée.

1° L'islandais, le norvégien, le jutlandais et le fionien préfèrent le vocalisme *o* : germ. *buða- y est représenté par *boþ*.

2° Le seelandais, le scanien et le suédois (sauf le dialecte de Vestrogothie, limitrophe de la Norvège) préfèrent le vocalisme *u* : germ. *buða- y est représenté par *buþ*.

La répartition des formes *goþ* : *guþ* n'est plus aujourd'hui parallèle à celle de *boþ* : *buþ*. Mais il semble qu'elle l'ait été, au moment de la conversion : *guþ* était la forme normale en danois et en suédois, *goþ* la forme normale en norvégien et en islandais. Toutefois, cette forme normale n'excluait pas l'existence d'un doublet à vocalisme différent. Sauf en danois, où *guþ* est seul attesté, on aperçoit partout encore l'ancienne concurrence des formes. En suédois, il y a des traces de *goþ* encore au xie siècle. En Norvège et en Islande, la forme *guþ*, d'abord sporadique, finit par se généraliser au xiie siècle.

Au Danemark et en Suède, *guþ* est devenu le terme technique de l'Église au moment de la conversion. La forme littéraire a rapidement éliminé *goþ* des parlers locaux. En Norvège et en Islande, l'Église a utilisé d'abord la forme *goþ*, dont le paganisme s'était servi. Le mot chrétien et le mot païen ne différaient que par le genre. Mais l'adoption de la forme *guþ* dans la langue littéraire et partant dans le vocabulaire religieux n'eut pas pour résultat immédiat d'éliminer la forme *goþ*, maintenue par la tradition de la littérature païenne. L'utilisation de *goþ* opposé à *guþ*, c'est-à-dire le renforcement de la distinc-

tion des genres par celle des vocalismes n'a pu aboutir
qu'en Islande, où cette tradition était particulièrement
vivace.

Il y a donc, pour chaque langue, deux séries de faits à
décrire :

1) l'extension de la forme *guþ* qui se produit très tôt
au Danemark et en Suède, plus tard en Norvège et en
Islande.

2) la régression de la forme *goþ* qui partout, sauf en
Islande, aboutit à son élimination.

A. — LE DANEMARK.

51. On a remarqué au § précédent que le traitement
de l'*u* devant *a* divisait au moyen âge le domaine danois
en deux régions séparées par le grand Belt. Les parlers
occidentaux (jutlandais et fionien) ont *both* (*JL.* 3, 48)
comme le norvégien et l'islandais. Les parlers à l'est du
grand Belt (seelandais et scanien) ont *buth* (*EsL.* 2, 32;
SkL. 7, 20), comme le suédois[1]. Le contraste *both* : *buth*
subsiste dans les parlers modernes, atténué par les influences analogiques[2]. La langue littéraire, fondée prin-
cipalement sur le seelandais, a le plus souvent des formes
en *u*, mais présente quelques exceptions[3].

52. On s'attendrait donc à rencontrer, à date ancienne
au moins, deux formes différentes du mot « dieu » : l'une
dans les parlers occidentaux avec le vocalisme *o*, l'autre
dans les parlers orientaux avec le vocalisme *u*. Or, il n'en
est rien. Le mot « dieu », qui d'ailleurs n'est attesté qu'à
l'époque chrétienne, n'est connu que sous la forme *guþ*.

Le mot est écrit KUÞ avec la rune U dans les inscrip-

---

1. Cf. Lis Jacobsen, *Studier til det danske Rigssprogs Historie*, 1910,
§ 84 ; Nils Hänninger, *Fornskånsk ljudutveckling*. Lund, 1917, p. 83 sqq.

2. Cf. V. Bennike-M. Kristensen, *Kort over de danske Folkemål*, carte
n° 17, texte § 39. — P. K. Thorsen, *Bidrag til nørrejysk Lydlære*, 1886,
p. 33 (exemples médiévaux de o jutlandais, p. 96).

3. Cf. Lis Jacobsen, *op. cit.*, §§ 84, 196.

tions du xie siècle. On le trouve sur des pierres disséminées
dans toutes les régions de langue danoise, à l'est comme à
l'ouest du grand Belt. Les pierres de Grensten, Aalum III,
Oddum ont été gravées dans le Jutland septentrional ;
celles de Fuglie II, Valleberga, Simris II en Scanie[1].

Il ne faut pas oublier sans doute que l'interprétation
de la rune U est toujours incertaine, puisqu'aussi bien
elle sert à noter le timbre o[2]. Mais la forme runique du
xie siècle se trouve confirmée par le témoignage des textes
écrits vers 1300 et par celui de la langue moderne. S'il y
a eu rupture de la tradition au Jutland, elle n'a pu se
produire qu'avant le xie siècle.

53. Pour interpréter à coup sûr la forme jutlandaise
KUÞ et savoir si elle continue ou non une forme antérieure, il faudrait des documents plus anciens. Malheu-
reusement, il n'y a que le témoignage très précaire de
quelques noms de personne.

Le nom v. dan. *Guth-mund* (vha. *Gode-mund*) est attesté
sur plusieurs pierres runiques antérieures au xie siècle.
Le premier membre du composé a la forme KUÞU- sur
la pierre fionienne de Helnæs (du début du ixe siècle) et
la forme KUÞ- sur les pierres jutlandaises de Skivum et
Virring (début et fin du xe siècle)[3]. Quel son représente la
rune U ? Wimmer[4] est disposé à lire *goð*- sur l'inscription
la plus ancienne, *guð*- sur les autres. Il va sans dire que
c'est affaire de sentiment[5].

---

1. Cf. Wimmer, *op. cit.*, n°s 58, 59, 64, 131, 139, 141.

2. Cf. Wimmer, *De danske Runemindesmærker* (grande édition, citée
D. R.), I, p. LI.

3. Cf. Wimmer, *op. cit.*, n°s 76, 3, 27. La pierre de Virring invoque
le dieu Thor.

4. Cf. Wimmer *D. R.*, IV, p. XLVI.

5. KUÞI dans l'inscription de Helnæs ne prouve rien pour le vocalisme
de KUÞUMUT. Wimmer transcrit *goði* en invoquant le témoignage de
l'islandais *goði*. Il est possible que le mot correspondant ait été *guði* en
scandinave oriental (cf. A. Kock, *Svensk ljudhistoria*, § 638) ; l'exemple de
v. suéd. *buþi* « celui qui invite » en face de v. n. *boði* suffit à justifier la
règle de Kock, même si les noms de lieu qu'il cite par ailleurs ne contiennent pas le mot *gudhi* (cf. J. Sahlgren, *Namn och Bygd*, VI, 28 sqq.).

Le témoignage de *kurmR* est également très frêle. La
rune U y représente certainement un *o*. Ce vocalisme est
prouvé par la tradition danoise (Saxo écrit *Gormo*); on
peut fonder aussi sur la tradition norroise *Gormr*, puisqu'il
s'agit d'un nom spécifiquement danois[1]. Mais ce nom est
un hypocoristique issu d'un composé qui peut avoir été
soit *Goðþormr* soit *Guðþormr*[2] et l'on ne saurait dire si le
vocalisme de *Gormr* est dû au premier ou au second
membre du composé.

54. L'existence d'une forme à vocalisme *o* n'est donc
pas prouvée en danois. Si elle a existé dans certains parlers, elle a été éliminée à date très ancienne, sans doute
avant l'arrivée du christianisme. Au moment où s'est formé
le vocabulaire de la nouvelle Église, il n'y avait plus
qu'une seule forme *guþ*. Le mot païen et le mot chrétien
n'ont pu s'opposer que par le genre, non par le vocalisme.

B. — SUÈDE.

55. La forme *goþ* n'a pas été éliminée en Suède aussi
tôt qu'au Danemark. On y devine encore, au XIe siècle,
l'alternance des deux formes.

Au point de vue du traitement de l'*u* devant un *a*, les
dialectes suédois ne se groupent pas aussi nettement que
ceux du Danemark. En face du norvégien qui favorise le
vocalisme *o* de façon manifeste, le suédois s'apparente au
danois oriental par sa préférence pour le vocalisme *u*.
Mais cette préférence ne se marque pas également dans
tous les parlers[3].

---

1. Cf. Wimmer *D. R.*, *loc. cit.*; O. Nielsen, *Olddanske Personnavne*,
1883, p. 32; E. H. Lind, *Norsk-isländska dopnamn och fingerade namn
från medeltiden*, 1905-1915, p. 348 sq.

2. En scandinave occidental, le même nom a existé sous les deux formes
Goð-þormr et *Guð-þormr* qui ont donné *Goðorm* et *Guttormr* selon la
place de l'accent dans le composé (cf. A. Kock, *Die alt- und neuschwed.
Accentuierung*, 1901, p. 214).

3. C'est A. Kock qui a mis au point la théorie de l'altération de l'*u* par *a*

L'alternance des désinences au cours de la flexion a eu
pour résultat de créer des doublets : l'*u* du radical se
maintenait devant un *u* ou un *i*, mais devenait *o* devant un
a. C'est cette tendance à « harmoniser » le vocalisme des
syllabes toniques avec celui des désinences qui explique
le vocalisme de certaines catégories de substantifs. Notamment dans les thèmes N. en -*a*- du type de *buþ*, le vocalisme *u* a été étendu à tout le paradigme ; l'*i* du dat. sing.
et l'*u* du nom.-acc., dat. plur. ont maintenu la voyelle
radicale et, après l'amuissement de l'*a* des autres désinences (nom.-acc., gén. sing.), ont contribué à son extension analogique[1]. Pour le mot *guþ*, plus souvent employé
au pluriel qu'au singulier, ce facteur a été décisif et suffit
à expliquer le vocalisme unique du danois.

Mais dans beaucoup de cas, le choix entre les doublets
créés par la flexion a dépendu de conditions qui varient
selon les parlers. En général, c'est l'entourage consonantique qui a favorisé le choix de la voyelle. Devant une supradentale, la plupart des parlers suédois préfèrent *o*. Devant
une dentale, après une labiale ou une consonne labialisée,
beaucoup préfèrent *u*. Le vocalisme de v. suéd. *gull* « or »
rarement *goll* (en face de scand. occid. *goll*) montre l'action combinée de la dentale qui suit et de la gutturale
labialisée qui précède la voyelle[2].

La forme *guþ* s'est généralisée dans les parlers où la
vélaire était fortement labialisée par la voyelle.

56. La forme éliminée *goþ* est suffisamment attestée
pour qu'on puisse juger de son ancienne extension. Il en
reste des vestiges dans quatre dialectes[3] :

en suédois dans un article de *PBB*, XXIII, 484 sqq. (1898), puis dans
Svensk ljudhistoria, II (1909), pp. 49-57, 72-105, *Umlaut und Brechung*
(1911), pp. 14-37, *Svensk ljudhistoria*, III (1916), pp. 7-17. — La théorie
de Kock n'est pas infirmée par les recherches de Hultman, *Hälsingelagen*,
Exkurs I, p. 182-343. Cf. les critiques de Kock (*Ark*.. XXVI, 97-141) et
Olson (*Ark*.. XXVIII, 291-310). — La théorie de Bremer, *I. F.*, XXVI,
148 sqq. est tout à fait insoutenable.

1. Cf. A. Kock, *Ljudh* , § 638, *Uml. Brech.*, p. 26.
2. Cf. A. Kock, *Ljudh*.. §§ 656-661, *Uml. Brech.*, pp. 28-32.
3. Cf. A. Kock, *Ljudh*.. § 1086.

1° en *Ostrogothie* : une inscription runique (n° 51 de l'édition de Brate) et les noms de personne *Godmundsson*, *Godmunsdotter* (*Sv. Landsm.* X, 6, p. 75).

2° en *Vestmanie* : des noms de personne *Godbernus* (*ibid.*, p. 72), *Godsten, Godzten* (*ibid.*, p. 77), *Gomar* (*ibid.*, p. 75 = *Guthmar*).

3° dans l'*Upland* : plusieurs inscriptions runiques (cf. *infra* § 57).

4° en *Dalécarlie* : la forme *gozziuia* « marraine » (*D.* KrB. 6 § 1 = *guzziuia* ibid. 7 fois).

On voit que ces formes sont réparties dans les parlers de Gothie et de Suède : il s'agit de dialectes proprement suédois, en dehors des isoglosses ordinaires du norvégien.

Il n'y a lieu d'insister ni sur les noms de personne, attestés au xive siècle, ni sur la forme isolée de *D.* dans un manuscrit du xive siècle. Seules, les inscriptions runiques de l'Upland présentent un véritable intérêt.

57. Le nom. KOÞ et le gén. KOS sont attestés sur les pierres de Åkale, Gullbro et Berga[1]. Leur triple témoignage mérite de retenir l'attention : il émane d'une même région, d'un même graveur et la lecture est certaine.

L'interprétation du caractère *o* ne fait pas de difficultés. Le son *o* est noté par la rune *óss*. Cette rune désignait autrefois l'*ā* long nasalisé, mais la perte de la nasalisation et le passage de *ā* long à *ǭ* long ouvert avait changé au xie siècle sa valeur phonétique. L'emploi de ce signe, de préférence à la rune U de valeur ambiguë (cf. § 52), est à lui seul un repère chronologique. Il y en a un autre : la signature du graveur. Ces trois inscriptions sont dues au burin de Visäte[2] qui travaillait aux environs de 1060-1070 dans l'Upland méridional, notamment dans le district de Vallentuna[3].

---

1. Cf. Liljegren, *Runurkunder.* Stockh., 1833 (cité *L.*), nos 379, 461, 507.

2. Sur Visäte, cf. von Friesen, *Upplands runstenar.* Upsal, 1913, p. 63 sqq.

3. *L.* 430, dans le district de Vallentuna, a également KOÞ. L'inscription n'est pas signée.

Il n'en faut pas conclure que la forme *goþ* était normale dans ces parlers à la fin du xiᵉ siècle, Visäte lui-même hésite entre *goþ* et *guþ*. C'est cette dernière forme qu'il a gravée sur les deux pierres de Kålstad[1] qu'il a signées et sur celle de Mällösa qui lui est attribuée pour des raisons runologiques[2]. D'autre part, tous les graveurs uplandais du xiᵉ siècle, prédécesseurs et contemporains de Visäte, ne connaissent que la forme KUÞ[3]. Si les hypothèses de von Friesen touchant l'âge de la pierre de Husby-Lyhundra sont exactes, on peut affirmer que la forme KUÞ était, dès 1016, classique en Upland[4].

58. L'unanimité des maîtres du xiᵉ siècle et l'hésitation de Visäte constituent un renseignement très précis : *goþ* est la forme dialectale qui disparaît, *guþ* est la forme littéraire qui s'impose déjà. On voit ici s'ébaucher la tradition qui s'épanouit dans les textes écrits à partir de la fin du xiiiᵉ siècle. Il n'y a plus d'autre forme que *guþ,* même dans les textes de Vestrogothie, où l'on trouve encore *boþ*[5].

Le suédois est donc caractérisé, comme le danois, par l'emploi d'une forme unique dès le début de la tradition chrétienne.

L'extension de la forme *guþ* a supprimé immédiatement l'usage littéraire de la forme *goþ,* là où elle existait dans les parlers. La tradition chrétienne a porté la forme *guþ* qu'elle avait trouvée à son origine. Elle n'a pu utiliser la forme *goþ*. Ce vocalisme était une particularité dialectale : il ne caractérisait pas un mot traditionnel, attesté par la littérature des siècles passés.

1. *L.* 49, 50.
2. *L.* 465. Cf. E. Brate, *Runverser.* (*Antiqv. tidskr. för Sverige,* X), p. 25 note.
3. Cf. Asmund Kareson (p. ex. *L.* 211, 525, 1053); Vigmund (*L.* 292); Fot (*L.* 23, 204, 645); Olef (*L.* 397); Balle (*L.* 71, 754), etc. Sur tous ces graveurs, cf. von Friesen, *op. cit.*
4. Cf. von Friesen, *op. cit.,* p. 27 sqq. (*L.* 608).
5. Hultman, *Hälsingelagen,* pp. 301, 304-6, a dressé une liste de tous les exemples de *guþ* avant 1375.

Les conditions qui seules pouvaient empêcher la disparition de l'ancien vocalisme et créer deux mots différents
se trouvent réalisées dans les pays où la civilisation païenne
a survécu à la conversion grâce à la richesse et à la vigueur
de sa tradition.

C. — NORVÈGE.

59. Le scandinave occidental s'oppose généralement au
suédois et au danois oriental par sa prédilection marquée
pour le vocalisme *o* (§ 50). Par exemple, les thèmes N.
en -*a*- du type **buđa*- ont régulièrement *o* en face de suéd.,
dan. *u* : *boð* s'oppose à *buþ*.

Mais très souvent les doublets, créés par l'alternance
des désinences flexionnelles, ont continué de coexister
dans les dialectes. Dans une aire très restreinte autour de
Trondhjem, les formes variaient encore de parler à parler,
au début de la tradition littéraire [1].

Au moment où s'est constituée une langue de communi-
cation, le choix entre ces formes différentes s'est fait sous
l'influence des facteurs signalés pour le suédois (§ 55).
Selon les phonèmes qui entouraient la voyelle radicale,
on a préféré *o* ou *u*. Ces préférences étant fondées sur les
règles les plus simples de la phonétique générale, elles
ne diffèrent que dans le détail d'une langue à l'autre [2].
Comme en suédois, on préfère un *u* quand la voyelle est
précédée d'une vélaire, très sensible à la labialisation [3],

---

1. Cf. M. Hægstad, *Gamalt trondermaal.* Kria., 1899, p. 45.

2. Cela ressort des exemples cités par Hægstad, *op. cit.*, p. 46. L'importance de l'entourage consonantique, d'abord soulignée par Kock, *PBB*,
XXIII, 530, a été mise en évidence par Olson, *Ark.*. XXVIII, 291-301.

3. L'émission labio-vélaire qui accompagnait la vélaire labialisée a dû
être singulièrement forte en islandais, puisqu'elle a développé dans le parler moderne un phonème autonome. Isl. mod. *guð* se prononce *gvöð* avec
une semi-voyelle labio-dentale entre l'occlusive initiale et la voyelle.
Mais ce développement phonétique est particulier au mot *guð* et à ses
composés (par ex. *guðdómur* « divinité », dans les noms propres comme
Guðmundur, hypocoristique : *Gvendur* et par analogie dans des finales
comme *blómguð* « fleurie »). Par ailleurs, le groupe initial *gu-* (*gull* « or »,

ou quand elle est suivie d'une dentale (scand. occid. *goll,*
puis *gull,* comme en scandinave oriental). Mais, dans les
parlers où l'on préfère *o* devant une supradentale, l'action
de la vélaire se trouve entravée (scand. occid. *golf* « sol
d'une chambre », v. suéd. *golf* et *gulf,* v. dan. *gulf*).

Ce choix a eu lieu à des époques différentes selon les
régions, plus tôt en Norvège qu'en Islande, et plus tôt
dans les parlers orientaux que dans les parlers occidentaux de la Norvège.

60. Les parlers orientaux s'échelonnaient le long de la
frontière suédoise depuis la région du fjord de Christiania
(appelée Vikin « la baie ») jusqu'au pays des Trondois,
dont la capitale était Niðarós (aujourd'hui Trondhjem).
Le dialecte trondois a exercé sur le norvégien une influence
considérable. Niðarós était depuis longtemps le centre de
la civilisation norvégienne, quand la fondation d'un arche-
vêché en 1152 en fit le foyer de la vie ecclésiastique.

Les plus vieux textes écrits en trondois ne connaissent
que la forme *guð*. C'est le cas du très vieux fragment d'une
Vie de saint Blaise (*Bl.*) contenu dans le *Cod. AM. 655, 4°*
écrit sans doute avant 1200 et du *Cod. Ups. Delag. 8*
(*OHm.*) qui date du milieu du xiiie siècle (cf. § 45).

Le manuscrit de *Barl.* (§ 45) qui date aussi du milieu
du xiiie siècle et représente un dialecte oriental qui n'est
pas du trondois, a deux exemples de vocalisme *o* : un dat.
plur. *goðom* (15⁵) et un gén. sing. *goz* (63²¹), mais le nombre des formes en *u* est tel que ces deux exemples constituent de véritables anomalies.

L'élimination rapide de la forme *goð* dès le second siècle
qui a suivi la conversion a eu pour résultat d'attribuer au
mot de forme nouvelle *guð* le genre et les emplois de
l'ancien mot païen.

Dans ces trois textes, c'est le sens du mot et non le
vocalisme qui détermine le genre du substantif. En règle

gulur « jaune ») a évolué autrement, cf. Buergel Goodwin, *Sv. Landsm.,*
1908, p. 97.

générale, le substantif est M. s'il désigne le vrai Dieu, mais N. dans tous les autres cas. Encore faut-il apporter à cette répartition des genres les restrictions faites § 45. *Barl.* fait du M. un usage très étendu qui supprime à peu près l'emploi du N. Le N. se maintient surtout dans les composés qui évoquent une représentation matérielle des divinités païennes : *skurguð* (*OHm.* 25²³, *Barl.* 66¹), *tréguð* (*Barl.* 166¹¹) « idole ».

61. En norvégien occidental, c'est-à-dire dans les parlers de la côte et de l'hinterland des fjords, depuis Agder au sud jusqu'au nord de Sogn, la forme *goð* semble s'être maintenue plus longtemps. Il en reste des traces dans la littérature, mais l'élimination très rapide et le manque de tradition historique ont empêché qu'elle servît, ici comme en Islande, de principe à une distinction sémantique.

On décrira les faits d'après les manuscrits suivants, tous antérieurs à 1300[1] :

Cod. AM. 619, 4°, qui contient un recueil d'homélies (*Hom.*), date de la première moitié du xiiie siècle. Les trois mains différentes sont appelées *Hom. I, Hom. II, Hom. III.*

Cod. AM. 310, 4°, cf. § 41 (*OTryg.*) est la copie norvégienne d'un original islandais.

Cod. Havn. (Univ.) 137, 4 e don. var. (G.), cf. § 41.

Cod. Ups. Delag. 4-7 fol., qui contient l'*Elis saga ok Rosamundu* (*El.*), traduction norvégienne d'un roman français dont l'original est perdu, a été écrit aux environs de 1260.

62. Dans ces manuscrits, la forme *goð* apparaît encore au M. et au N., mais partout à l'état de survivance.

Le M. est attesté 1 fois dans *Hom. II* (114¹⁰), qui a partout ailleurs la forme *guð*. L'adjectif « divin » est écrit

---

1. Ces mss. sont écrits dans des dialectes différents, mais ces différences n'importent pas ici. Cf. les ouvrages suivants de M. Hægstad : *Nordvestlandsk.* Kria., 1908, p. 41 sqq. (*Hom., I*), 57 sqq. (*Hom., II*), 80 sqq. (*G.*); *Rygjamaal.* Kria., 1915, p. 102 sqq. (*Hom., III*) ; *Sudvestlandsk* II, 2. Kria., 1917, p. 30 (*El.*) où l'on trouvera une description complète de la phonétique de ces textes.

1 fois *goðlegr* dans *Hom. I* (8⁶) au lieu de *guðlegr* qui est la forme ordinaire (p. ex. 6¹²). Le composé « évangile », calque du v. angl. *godspell*, est écrit 4 fois *goðspiall* dans *Hom. III* (203²⁸, 204³·²⁷, 207²³) contre 4 exemples de graphie *guðspiall* (203⁵·²²·²⁹, 204³²). On le voit, les deux formes alternent dans la même page. Le même texte a régulièrement *u* dans le simple *guð* et dans le composé *scurðguð* (209²⁴).

Le N. est attesté dans *OTryg.* : *goþ* 1 fois (72²³) et *scurðgoð* 1 fois (13⁸) ; partout ailleurs le N. a le vocalisme *u*. L'emploi de *goþ* au sens de « idole » (*oc braut isundr oll goþin* « et il réduisit en pièces tous les dieux ») provient peut-être de l'original islandais : on avait tendance en Islande à spécialiser *goð* dans ce sens et à l'opposer à *guð* (cf. *infra* § 74). En Norvège, on ne connait pas de tentative de ce genre. *El.* emploie indifféremment *scurgoð* (45⁷, 68¹⁵) et *scurguð* (107¹²) et ces deux formes sont M. dans la langue du traducteur. Le M., normal pour le mot de vocalisme *u*, est tout à fait insolite pour le mot de vocalisme *o*[1]. Il ne s'explique que par l'influence analogique de *skurguð* et ce petit fait montre, de façon éclatante, que la forme en *u* était la seule forme vivante vers le milieu du xiiie siècle.

63. L'emploi de *guð* N. au lieu de *goð* N. est largement attesté, dans le simple et dans les composés, dans le style historique et dans la langue religieuse.

Dans la loi du Gulathing (*G.*) et dans la vie d'Olaf Tryggvason (*OTryg.*), *guð* désigne le vrai Dieu et les dieux indigènes : les deux sens ne se distinguent que par le genre (cf. § 41). *OTryg.* a souvent des oppositions du

---

1. Cf. *Goðom einum er þat lovat, er vdauðleger ero, vorðna luti firir at vita* (*Barl.*, 15⁵). « Il n'est permis qu'aux dieux qui sont immortels de savoir d'avance les choses non arrivées ». L'adjectif *vdauðleger* M. plur. semble attester que *goð* était M. Mais la forme *goð* paraît bien anormale dans ce texte (cf. § 60), sans compter que l'adjectif a pu emprunter mécaniquement le genre de l'adjectif latin. La traduction de *Barl.* est assez servile. Cf. le jugement de F. Jónsson, *Litter. Hist.*, II, 985-6.

type : *Hroalldr callaði uaflatliga a guðin at þau stóþi uel imoti guþi Olafs* (56²⁴) « H. invoquait sans cesse les dieux (N.) pour qu'ils résistassent bien au Dieu (M.) d'Olaf ».

Dans *Hom. III*, *scurðguð* est N. (209²⁴).

Dans *El.*, où le M. est déjà en voie d'extension même dans le composé *skurgoð, -guð* (§ 62), il y a un exemple certain de *guð* N. (*guð ýðor* 45⁹).

64. Il ressort de ces faits que l'innovation phonétique n'a pas eu pour résultat de créer dans le vocabulaire un mot nouveau à côté du mot traditionnel. Il n'y a jamais eu dans la langue qu'un seul mot qui, à un certain moment, a changé de vocalisme.

L'innovation a eu lieu plus tôt dans les parlers de l'est que dans ceux de l'ouest. Mais les conséquences ont été les mêmes dans tout le pays. Faute d'une tradition littéraire qui pût maintenir la forme ancienne à côté de la nouvelle, *guð* a éliminé *goð*.

Comme l'innovation s'est produite à une époque où l'on faisait encore une différence entre les deux genres, *guð* a d'abord eu des sens différents selon qu'il était M. ou N. Mais l'extension du M., décrite au chapitre précédent, a bientôt effacé cette distinction sémantique qui ne se fondait que sur la survivance du N.

D. — ISLANDE.

65. C'est en Islande que les faits présentent l'intérêt le plus vif. Comme l'innovation a eu lieu à date relativement récente et que la tradition littéraire est ancienne, l'observation est plus facile. On peut suivre, de siècle en siècle, la concurrence des deux formes, le progrès de la nouvelle forme littéraire et l'utilisation de la forme ancienne que l'étude du passé empêche de disparaître.

66. Toute une série de témoignages montre que la forme *goð* est restée, pendant plus d'un siècle après la conversion, la seule forme littéraire. Le mot païen était *goð* N.; à l'époque chrétienne, un genre nouveau s'ajoute

au genre ancien. L'innovation phonétique n'a eu lieu que plus tard.

Le vocalisme de cette première période est attesté par les rimes des scaldes et par quelques-uns des plus anciens manuscrits.

Les poèmes scaldiques sont conservés dans des manuscrits qui sont le plus souvent postérieurs à 1300 : il y a un contraste saisissant entre la graphie *guð* qu'ils attestent et le vocalisme que les rimes intérieures (*aðalhendingar*) permettent de rétablir[1]. Quarante ans environ après la conversion de l'Islande, Sigvatr rime *goð* avec *roðnar* (*Sigv.* 12, 3). Des rimes analogues se rencontrent encore chez les poètes de la première moitié du xiie siècle : *goðs* rime avec *boðnum* (*Hskv.* 2, 2, vers 1120 ?) ou avec *boðna* (*Ód.* 9).

Le témoignage de ces rimes est confirmé par celui des plus vieux manuscrits écrits en Islande soit avant, soit aux environs de 1200[2].

Dans le *Cod. AM. 237 a, fol.* (écrit avant 1200) qui contient un fragment d'homélie (*Leif.*) et dans le *Cod. AM. 674 a, 4°* (écrit aux environs de 1200) qui contient une version islandaise du Lucidaire (*Eluc.*), on ne trouve qu'une seule forme *goþ*, attestée un très grand nombre de fois, soit seule, soit dans les composés *goþspiall* et *goþdómr* (*Leif.*).

Comme les textes religieux, conservés par ces manuscrits, ont été traduits en Islande au cours du xiie siècle, le parler des scribes ne s'est pas écarté sensiblement de celui des auteurs. Joint aux rimes de *Hskv.* et de *Ód.*, le

---

1. Le témoignage de ces *aðalhendingar* a été recueilli et utilisé par B. Kahle. *Die Sprache der Skalden.* Strasb., 1892 (pour *goþ*, cf. p. 252), mais de façon incomplète.

2. Pour les mss. suivants : *Leif., Eluc., Rb., Ph., 645. Pl., Hom.*, les statistiques sont établies d'après l'excellent ouvrage de Larsson, *Ordförrådet i de älsta isländska handskrifterna.* Lund, 1891, qui m'a dispensé de dépouillements personnels. On n'admet ici que le témoignage des formes écrites en toutes lettres, où le vocalisme est certain. Les abréviations si fréquentes du mot *goð*, *guð* seront l'objet de mentions spéciales, toutes les fois qu'on s'en servira.

témoignage de *Leif.* et *Eluc.* permet d'affirmer que *goþ* était encore, vers 1150, la forme littéraire du mot M.

67. Mais dans plusieurs manuscrits, contemporains de *Eluc.*, on observe une innovation capitale. A côté de *goþ* M., apparaît une forme concurrente *guþ* M.

C'est le cas du *Cod. Havn. g. k. s. 1812, 4°* (écrit aux environs de 1200) qui contient un traité de computistique (*Rb.*) et du *Cod. AM. 673 a, 4°* (de la même époque) qui contient une version du Physiologus (*Ph. II*). Dans ces deux textes, il y a concurrence des deux formes *goþ* et *guþ*, dans des proportions variées. La forme ancienne *goþ* l'emporte (4 ex. contre 1) dans *Ph. II* qui emploie également le vocalisme *o* dans l'adjectif *goþligr* « divin » (2 ex.). La forme nouvelle *guþ* l'emporte dans *Rb.* (7 ex. contre 3). Mais il faut attacher à cette statistique moins d'importance qu'à l'apparition, dans ce dernier manuscrit, de l'abréviation *guþ* (écrit *gþ* avec le signe de l'*u* au-dessus de la première consonne). Cette abréviation, qui devient normale à partir de 1200, montre que le vocalisme *o* n'est plus, dès cette époque, qu'une survivance graphique.

68. A côté de *Rb.* et de *Ph. II*, il faut encore citer deux autres manuscrits. L'un, le *Cod. Holm. 15, 4°*, écrit aussi aux environs de 1200, contient un recueil considérable d'homélies traduites en une langue excellente (*Hom.*); l'autre, le *Cod. AM. 645, 4°* (appelé ici *645*), de contenu religieux également, est légèrement postérieur au premier. Les deux manuscrits se distinguent par l'emploi régulier qu'ils font de *goþ* N. en face des formes concurrentes *goþ*, *guþ* M.

1° *goþ*, *guþ* M.

L'hésitation très grande qui se manifeste dans ces deux textes, comme dans *Rb.* et *Ph. II*, s'explique sans doute par le fait que l'innovation était intervenue entre l'époque de la rédaction et celle de la copie. La forme *goþ* provient des originaux, la forme *guþ* est celle des scribes. Il est manifeste que cette dernière était la seule vivante. *Hom.* a plus souvent *guþ* que *goþ*, et l'abréviation *guþ* est constante. *645* écrit plus souvent *goþ* que *guþ*, mais l'abréviation *guþ* est d'un emploi régulier.

Dans les composés *goþspiall* « évangile », *goþdómr* « divinité » et dans l'adj. *goþlegr* « divin », on constate la même hésitation. Les scribes y introduisent souvent l'abréviation ordinaire. Toutefois, il faut reconnaître que le vocalisme *o* semble s'être maintenu plus longtemps dans ces composés[1] qui pouvaient avoir l'accent principal sur le second membre.

2° *goþ* N.

Quand *goþ* est N., c'est-à-dire quand il désigne les « faux dieux », on ne trouve dans *Hom.* et *645* que le vocalisme *o*. Cette spécialisation du vocalisme traditionnel est caractéristique d'une époque voisine encore du moment de l'innovation. Elle a servi plus tard de modèle à des tentatives qui seront décrites plus loin (§ 74).

Hom. n'a que deux exemples de *goþ* N., dont l'un est une abréviation[2], mais il y en a dans *645* un assez grand nombre. La distinction des vocalismes jointe à celle des genres y crée l'opposition typique *guþ* M. « Dieu » - *goþ* N. « faux dieu » dont on a cité des exemples au § 40.

De même, le composé *scurþgoþ* garde à la fois son vocalisme et son genre traditionnels.

69. Tandis que *Hom.*, *645*, *Ph. II*, *Rb.* conservent encore la trace de l'ancienne forme *goþ* M., toute une série de manuscrits, écrits vers 1200 ou dans la première moitié du XIIIᵉ siècle, ne connaissent plus que la forme nouvelle *guþ*.

Parmi les manuscrits écrits vers 1200, on peut citer le dernier fragment du *Cod. AM. 673 a, 4°* (*Ph. III*) et du *Cod. AM. 673 b, 4°* qui contient la *Plácítús drápa* (*Pl.*).

Le manuscrit de l'*Ágrip* (*Ágr.*), *AM. 325, II, 4°*, écrit vers 1225, une trentaine d'années après la composition de

---

1. *goþlostan* « blasphème » n'est attesté dans *Hom.* et *645* qu'avec le vocalisme *o*.

2. lue *guþ* par Wisén (*Hom.*, 29²), mais *goþ* par Larsson (*Ordför.*, 117ª).

l'ouvrage, n'emploie que *guþ* M., mais montre encore une certaine hésitation dans la graphie des composés[1].

Dans le manuscrit de *Grágás* (*Grág.*) : *Cod. Reg. g. k. s. 1157, fol.* (« Konungsbók »), écrit vers 1250, il n'y a qu'un exemple de *goþ* (I, 192^9 : *þeim se goþ gramt,* cf. I, 205$^{15\text{-}16}$: *se guð hollr þeim er heldr griðom, en gramr þeim er grið rýfr* « que Dieu soit clément à celui qui respecte la trêve, courroucé contre celui qui la viole »). Le genre N., appliqué à Dieu, montre clairement qu'il s'agit d'une formule païenne, comme Leffler l'a signalé[2].

70. Il apparaît ainsi que, dès la fin du xiie siècle, une innovation importante s'était produite dans le vocalisme du mot vivant et que le Dieu qu'on invoquait dans les prières quotidiennes s'appelait *guþ* M. Par contre, le vocalisme traditionnel n'ayant pas été éliminé du substantif N., on avait dans le vocabulaire l'opposition commode *guþ* M. : *goþ* N. L'innovation avait eu pour conséquence de créer deux mots distincts par le genre et le vocalisme. Cette connexion du genre et du vocabulaire ne s'est produite qu'en Islande.

La forme spéciale de la civilisation islandaise explique la survivance du vocalisme traditionnel, comme elle a rendu compte plus haut (§§ 39, 40) de celle du genre ancien. Les faits sont tout à fait parallèles.

La tradition historique, orale et écrite, maintenait dans l'usage littéraire des mots cristallisés dans leur forme livresque. L'altération phonétique n'avait touché que le mot de la langue usuelle : elle avait transformé *goþ* en *guþ*. Comparée au mot *goþ* N., dont la littérature nationale entretenait le souvenir, la forme *guþ* M. avait figure de mot nouveau. Le mot vivant pouvait changer de genre et de son, le mot « historique » restait un fossile figé dans la forme que lui avait donnée la dernière génération

---

1. V. Dahlerup, dans la Préface de *Ágr.*, pp. xv et xvi.
2. Cf. L. F. Leffler, *Antiqv. tidskr. för Sverige,* V, 159 = *supra* §§ 30-33.

païenne. Quand, dans la seconde moitié du xiiie siècle, on a recueilli et copié les textes eddiques qui figurent dans le *Codex Regius* (*Ed. Reg.*), on a scrupuleusement respecté la forme *goþ*. Il y avait alors plus de cent ans que le vocalisme du mot vivant avait subi l'altération que l'on sait.

71. Le contraste *guþ* M. : *goþ* N. était commode, mais il contrariait la tendance naturelle du langage à étendre au mot le moins employé le vocalisme du mot le plus usuel. En fait, la distinction du vocalisme s'est montrée plus débile que celle des genres. Depuis 1300 jusqu'à l'époque actuelle, il y a eu perpétuellement conflit entre l'instinct analogique et la volonté consciente de maintenir la tradition.

72. L'extension du vocalisme de *guþ* M. à *goþ* N., ou plus exactement l'emploi du mot *guþ* au genre N. est un fait ancien. On trouve *guþ* N. dans toute une série de manuscrits écrits au début du xive siècle.

Tandis que *Ed. Reg.* conserve régulièrement la forme *goþ*, d'autres manuscrits postérieurs commencent à lui substituer la forme *guþ*. Par ex., le *Cod. AM. 748, 4°*, écrit vers 1300, hésite entre *gvði* (*Grí.* 38) et *goði* (*Grí.* 39).

C'est aussi le cas des deux manuscrits principaux de l'*Edda* de Snorre, écrits vers 1325, le *Codex Regius* : *Havn. g. k. s. 2367, 4°* (*SnE. R.*) et le *Codex Upsaliensis* : *Ups. Delag. 11, 4°* (*SnE. U.*). Le mot M., employé en parlant de Dieu ou de *Allfǫðr* (cf. § 40), a toujours le vocalisme *u*. Mais le mot N. a tantôt *o*, tantôt *u*, sans qu'on puisse voir un principe logique dans l'usage de *guþ* N. ou de *goþ* N. Au singulier, la forme *guþ* est manifestement préférée, par ex. dans les *kenningar* des dieux : *hann* (Odin) *heiter ok hanga gvþ ok happa gvþ ok farma gvþ* (*SnE. U.* 265[23-24]) = *Hann heitir ok Hánga-guð ok Hapta-guð, Farma-guð* (*SnE. R.* 84[14]) « il s'appelle aussi dieu des pendus et dieu des captifs et dieu des cargaisons ». Mais, au pluriel, les formes *goþin* et *guþin* alternent sans raison, parfois dans la même page :

SnE. U.	258[17]	*goþkvnnig ætt*	*R.*	54[11]	*goðkunnig ætt*
	258[19]	*gvpanna,*		54[12]	*guðanna*
	258[31]	*goþin*		56[13]	*guðin*
	258[33]	*goþin*		56[16]	*guðin*
	259[25]	*goþin*		60[13]	*guðin*
	259[32]	*goþin*		60[23]	*goðin*
	259[34]	*goþin*		60[25]	*goðin*

Sauf dans l'adjectif *goðkunnigr* « descendant des dieux »
(cf. *reginkunnr* § 16), mot sorti de l'usage et emprunté
à la tradition littéraire sous sa forme figée, le vocalisme
dépend dans ces deux manuscrits de l'arbitraire du scribe.

73. La concurrence des deux vocalismes dans le mot
N. a duré pendant tout le moyen âge et persiste dans les
temps modernes.

Au xviie siècle, on trouve par exemple dans le Nouveau
Testament de 1609 : *Guden eru Mönnum lijk vorden | og til
vor ofanstijgen* (Actes 14, 11), dans la traduction moderne :
Guðirnir eru í manna líki niðurstignir til vor « Les dieux
sous une forme humaine sont descendus vers nous »[1].
Tandis que la traduction de 1609 emploie *guð* au N. et au
M. (*guder* p. ex. Jean 10, 34), la traduction moderne ne
connaît le vocalisme *u* que dans le mot M.

Toutefois, cette distinction n'est pas rigoureusement
observée dans la langue moderne. *Guð* N. n'est pas cité
par Zoëga (*Íslenzk-ensk orðabók.* 1904), mais n'est pas
rare, par ex. dans la littérature scientifique. Dans la
Mythologie qu'il a rédigée dans sa langue maternelle,
Finnur Jónsson emploie le plur. N. *guðin* « les dieux » à
côté de *goðin*[2].

---

1. *Þad Nyia Testamentum | a Islendsku | Yfer sied og lesid | epter þm
riettustu Vtleggingum sem til hafa feingist... Prentad a Holum j Hialltadal
Anno | M.DC.IX.* La traduction moderne dont je dispose est de 1866
(Londres).

2. F. Jónsson, *Goðafræði Norðmanna og Íslendínga eftir heimildum.*
Reykjavík, 1913, p. 111. Les pp. 110 et 111 sont intéressantes. L'auteur
emploie *guðir* M. pour les « dieux », *gyðjur* F. pour les « déesses », *goðin*,
guðin N. pour les « divinités ». Mais *guðir* M. peut avoir aussi le sens général de *guðin*, *goðin* (cf. *supra* § 46).

74. La tendance à généraliser le vocalisme *u* qui se manifeste dans ces exemples a été constamment arrêtée par la connaissance des textes du passé et la volonté d'utiliser le vocabulaire qu'ils fournissaient.

Le contraste *guð* M. : *goð* N. s'imposait par la comparaison de l'usage vivant et de la tradition littéraire. Mais *goð* N. tendait à devenir superflu à mesure qu'on appliquait *guð* M. aux divinités païennes et surtout depuis qu'on lui avait créé un plur. *guðir*. *Goð* pouvait se maintenir à titre d'archaïsme dans le style historique, mais risquait de devenir inutile dans la langue religieuse et dans la littérature traduite du latin.

L'usage de *goð* N. s'est appuyé, dans la littérature religieuse, sur le composé *skurðgoð* N., dont le vocalisme et le genre se sont conservés, en Islande, avec une fermeté remarquable. C'est le composé *skurðgoð* qui a suggéré d'employer *goð* au sens d' « idole ».

Cette spécialisation est très nette, sinon constante, dans les manuscrits des xive et xve siècles qui contiennent des « Vies de Saints » (*Heil.*) : le *Cod. AM. 233, fol.*, du milieu du xive siècle, le *Cod. Holm. 2 fol.*, de la fin du même siècle et le *Cod. AM. 429, 12°*, de la fin du xve siècle[1].

On y trouve des oppositions comme : *Neita þu helldr godum þinum, er gior eru or tre eda steini, en þu gǫfga sannan gud skapara þinn* (*Heil.* I, 3[24-26]) « Abjure plutôt tes dieux qui sont faits de bois ou de pierre, et adore le vrai Dieu ton créateur ». Ou bien : *ok blota goðum vorum almatkum, þeim er sannr guðdómr synir þau guð vera* (*Heil.* I, 8[8-9]) « et sacrifie à nos dieux tout-puissants ; leur vraie divinité montre qu'ils sont des dieux ». Cette dernière phrase, traduction bien gauche d'un original latin, est intéressante par le contraste de *goð* et de *guð*, deux

---

1. Il y en a des traces dans le style historique, par ex. dans le ms. *Flateyjarbók*, écrit entre 1370 et 1380 (par ex. *briota god vór oll j sundr*, *Flat.* II, 188[19] « réduire nos dieux en pièces »).

substantifs de même genre. Le traducteur a opposé non
seulement *goð* N. « faux dieu » à *guð* M. « Dieu », mais
encore *goð* N. à *guð* N. *Guð* N. désigne toute la catégorie
des êtres divins qui comprend les dieux (*guðir*) et les
déesses (*gyðjur*), tandis que *goð* N. désigne les simulacres
creux (*skurðgoð*) qui reçoivent les sacrifices des païens,
mais qui sont dénués de toute force divine (*guðdómr*).

La spécialisation qu'on observe ainsi dans la langue
religieuse n'est qu'un épisode de l'histoire du mot *goð*.
Les siècles ont successivement emprunté cette forme à la
tradition de la littérature nationale et ils en ont fait l'usage
dont ils avaient besoin. Quand un Islandais raconte aujour-
d'hui la mythologie norroise ou écrit un roman dans le style
des sagas, il obtient à l'aide de *goð* un effet d'évocation
dont le pluriel *guðir* est incapable.

75. Le développement islandais qu'on vient de décrire
est dominé par deux faits essentiels : le changement de
vocalisme survenu au xiie siècle et la persistance de la
tradition littéraire du paganisme. L'action combinée de
ces deux facteurs a eu pour résultat de fournir au vocabulaire deux mots tout à fait différents. Ces deux mots qui
correspondaient déjà à une distinction de genres (*goþ* M. :
goþ N.) se sont dès lors différenciés nettement par le
vocalisme (*guþ* M. : *goþ* N.).

A la différence des mots répond une distinction de
sens : cela ressort des faits étudiés. Pourtant on a nié
formellement que le vocalisme ait été le principe d'une
différenciation sémantique[1]. On s'accorde seulement à
reconnaître que, dans les composés, *goð* est assez souvent
appliqué aux faux dieux, *guð* au Dieu chrétien[2]. Ces opi-
nions ne paraissent pas justifiées. La réalité est à la fois
plus simple et plus compliquée.

Tout d'abord, il faut distinguer les faits islandais des

1. Cf. B. Kahle, *Die altnord. Sprache im Dienste des Christentums.* Berlin, 1890, p. 73.
2. Cf. B. Kahle, *op. cit.*, p. 73 ; A. Noreen, *Altisl. Gram.*[3]. § 154. 2.

faits norvégiens qu'on a eu jadis la fâcheuse habitude de
confondre sous l'épithète de norrois. Les faits de civilisation qui seuls expliquent l'usage qu'un groupe social fait
de son vocabulaire n'ont rien de commun avec la parenté
linguistique qui peut rendre compte de l'histoire phonétique des mots. Au xiie siècle, la Norvège, déjà tournée
vers l'Occident, s'écartait rapidement de la civilisation qui
se développait en Islande. La Norvège a relâché très tôt
les liens de sa tradition nationale et ses écrivains n'ont
pas gardé l'obsession du passé. L'innovation phonétique
qui s'était produite dans le M. s'est très rapidement
étendue au mot N. *Goþ* N. a été remplacé par *guþ*
N. Seule, la distinction des genres s'est maintenue assez
longtemps, mais elle n'a pu résister à la longue. Il
n'est plus resté qu'un mot *guþ* M. comme en danois et
en suédois.

Les faits islandais sont très différents; ils sont clairs,
si l'on s'applique à suivre le développement historique.

Dans une première période qui s'étend jusqu'au milieu
du xiie siècle, il n'y a eu qu'un mot *goþ* avec des genres
différents : M. en parlant du Dieu chrétien, N. en parlant
des faux dieux.

Puis le mot M., le mot vivant, a changé de vocalisme :
goþ M. est devenu *guþ* M. Après une période de flotte-
ment, le vocalisme s'est établi. Dès ce moment, on a
opposé *guþ* M. à *goþ* N. Au lieu d'un seul mot de genres
différents, on a eu deux mots distincts par la forme et par
le genre. A partir du xiiie siècle, le Dieu des chrétiens
s'appelle *guð* et ne peut s'appeler *goð*. L'appeler *goð* eût
été un blasphème, car le vocalisme *o* ne se maintenait que
dans le mot traditionnel du paganisme. *Guð* était un mot
vivant, tandis que le sens de *goð* était conditionné par
l'usage des siècles passés.

Ce contraste *guð* M. « Dieu » : *goð* N. « faux dieu » a
donc existé, mais il ne s'est pas maintenu dans toute sa
rigueur. En face du mot livresque *goþ*, le mot vivant *guð*
était appelé à s'étendre dans des emplois divers. Sans le

contrepoids de la tradition littéraire qui défendait *goð* de
l'oubli, *guð* se serait imposé et aurait éliminé son concur-
rent comme en Norvège. Il y a eu, en Islande, un conflit
perpétuel entre les tendances naturelles du langage et la
volonté traditionaliste des sujets parlants. On a fini par
employer le mot *guð* au N.; mais, à côté de l'innovation
guð N., le mot *goð* N. a gardé son vocalisme et son genre
traditionnels.

CHAPITRE V

LA FLEXION

76. Dans tout le germanique, le changement de genre a eu pour résultat de troubler la flexion primitive.

Ce trouble ne s'est pas manifesté dans la langue populaire : on ne se servait du mot chrétien qu'au singulier. L'innovation morphologique a porté uniquement sur le pluriel et s'est produite dans la langue savante.

77. Le changement de genre n'a pas eu d'influence sur la flexion du singulier. La flexion des thèmes M. en -*a*- ne différait de celle des thèmes N. en -*a*- qu'au nom.-acc., où les substantifs N. n'avaient pas de désinence. Dans les dialectes où les substantifs M. avaient également perdu la désinence du nominatif, il n'y avait plus qu'un seul paradigme pour les deux genres. En allemand, en saxon, en anglais, on ne s'aperçoit du changement de genre de *got, god* qu'aux désinences des épithètes du substantif.

Dans d'autres dialectes, en gotique et en scandinave, les thèmes M. avaient encore une désinence au nom. sing., quand le substantif cessa d'être N. Il y eut donc désaccord entre le genre et la forme. Got. *guþ* et scand. *þgo, þgu* sont M., mais ont conservé la flexion des N. : got. *waúrd* ou scand. *orþ*.

On n'a pas éprouvé le besoin de remédier à cette anomalie. La désinence du nom. sing. des M. s'est maintenue très longtemps en suédois et en norvégien, elle existe encore en islandais moderne. Pourtant, *guþ* a gardé sa forme anomale, sans qu'on ait jamais essayé de lui restituer un nominatif à désinence régulière. Au contraire, des mots étrangers comme Christ sont immédiatement entrés dans le système flexionnel des noms de personne M. et ont été pourvus de la désinence normale : *KristR*.

A l'époque où *goþ* N.[1] est devenu M., la distinction des genres relevait de la syntaxe autant que de la déclinaison.

78. Le pluriel a été l'objet d'innovations diverses.

Partout où l'usage du singulier a pu se maintenir avec son genre primitif, le pluriel a gardé son ancienne flexion de thème N. en *-a-*. En vieil-anglais, le plur. *godu* « dii » n'est pas rare : cette forme suppose que le vocabulaire chrétien avait gardé l'usage d'un sing. *god* N. avec un sens particulier (cf. § 27)[2]. En vieux-haut-allemand, le composé *abgot*, qui seul avait pu maintenir son genre ancien, a eu tout d'abord le plur. N. régulier *abgot* « simulacra »[3]. Plus tard seulement, il est passé dans une autre catégorie flexionnelle : le plur. *abgotir* est attesté à partir du xᵉ siècle[4] (cf. § 27). Cette forme suppose aussi que l'usage du genre N. s'est maintenu sans interruption.

Dans les milieux ecclésiastiques, où l'on s'occupait de traduire des textes latins en langue vulgaire, on a été amené de bonne heure à créer un pluriel M., répondant au singulier M. ; cette forme savante s'est sans doute inspirée du modèle latin *deus* : *dii*.

A côté de *godu* N., forme vulgaire, le vieil-anglais a *godas* M. « dii », forme savante, par ex. : *hǽđenan godas* « les dieux païens », *leásan godas* « les faux dieux »[5].

De même, vha. *got* M. forme le plur. *gota* M. (v. sax. *goda*). très fréquent dans les composés savants : *erdkota*

---

1. Cette forme représente bien entendu un singulier, non pas un pluriel comme Noreen (*Altschw. Gram.*, § 383 1 e α) semble l'admettre.

2. Cf. Bosworth-Toller, *s. voc.*

3. Cf. Graff, *Ahd. Sprachschatz*, IV, 149.

4. Cf. Braune, *Ahd. Gram.*³, § 197 ; Schatz, *Altbair. Gram.*, § 98.

5. Cf. Bosworth-Toller, *s. voc.*

« heroes », *liutcota* « dii publici », *helligota* « eumenides »,
halbkota « semidii », *himelgota* « cælites », *hertcota, hus-
gota* « lares »[1]. La forme nouvelle s'est étendue par analogie au composé *abgot* : on trouve des exemples de *abgota*
M. (v. sax. *afgoda*). Mais le pluriel littéraire M. ne pouvait pas se substituer au pluriel N. de la langue courante :
dès le xiie siècle, l'analogie s'est propagée en sens inverse.
Le simple *got* a emprunté le plur. *göter* qui caractérisait
le composé[2].

79. La concurrence du pluriel N. et du pluriel M. se
retrouve en scandinave avec une netteté que les faits n'ont
pas dans les autres langues germaniques. On sait que le
genre N. s'est conservé avec une rare ténacité dans une
partie du domaine : il a naturellement maintenu sa flexion
traditionnelle. L'islandais moderne dit *goðin* ou *guðin*
« les dieux » comme au ixe siècle, avant la conversion.
Mais il existe aussi un pluriel M., comme en allemand ou
en anglais.

L'histoire du pluriel M. et celle du genre N. sont étroi-
tement liées. Le pluriel M. s'est généralisé de bonne heure
dans les pays où le mot N. est rapidement sorti de l'usage.
Le danois et le suédois ne connaissent pas d'autre forme[3].
En Norvège, où le N. a été fortement concurrencé avant
la fin du moyen âge, le pluriel M. se rencontre surtout
dans la littérature religieuse et chevaleresque. En Islande,
la forme nouvelle apparaît timidement en marge de la
tradition nationale.

80. Le scandinave a créé deux formes de pluriel M., l'une
guþar comme *dagar* (cf. vha. *gota*, v. sax. *goda*, v. angl.
godas) sur le modèle des thèmes M. en -*a*-, l'autre *guþir*,
comme *gestir* sur le modèle des thèmes M. en -*i*-.

81. Le plur. *guþar* est attesté dans tout le scandinave.
En vieux-suédois : *guþær*[4] (*U.* KkB. 1 pr.) à la fin du

1. Cf. Graff, *op. cit.* IV, 149-151.
2. Cf. *PBB*, XXXVII, 509, 512.
3. Sauf pour le composé *afguþ*, cf. § 29.
4. Uplandais -*ær* représente -*er*, cf. A. Kock, *Sv. ljudh.*, § 1688 sqq.

xiiie siècle. La loi a été composée en 1295, le manuscrit date de 1300 environ. — Nom. acc. *guþa*, 20 fois[1] dans *Bu.* Le légendaire a été composé vers 1270, le manuscrit date de la seconde moitié du xive siècle. — Suéd. mod. *gudar*.

En vieux-norvégien : *guðar*, depuis le milieu du xiiie siècle. Acc. *guða*, très souvent dans *Barl.* (par ex. 131 [4, 8], 140[31]). — Au xive siècle : *guðar* (*Karl.* 304[2n], *Stj.* 381[8]). — Le landsmaal a repris la forme *gudar*.

En vieil-islandais : *guðar* dans les manuscrits du xive et du xve siècle qui contiennent les « Vies des Saints » (*Heil.* I, 38[11], 327[36], 417[22]). Ces traductions datent du xiiie siècle, peut-être même du xiie. — L'islandais moderne emploie une forme différente (cf. § 82).

En vieux-danois : *guthæ*. C'est la première forme attestée, vers 1300 (*HKr. Camb.* 1[16-17, 27], *afguthæ* : 1[11, 19], 2[11]). On la trouve encore au xve siècle : *gudhe* (*ÆB.* : Gen. 31, 30 ; *RD.* III, 65[8]), *affgudhe* (*ÆB.* Lev. 26, 30). La désinence danoise ne permet pas une interprétation certaine, à cause de son timbre imprécis. Pourtant la chute de la consonne finale -R semble prouver que le mot a été traité comme un thème M. en -*a*-[2]. — Le danois moderne emploie une autre forme.

82. Le plur. *guþir* semble avoir existé dans tout le scandinave de l'époque médiévale. Il est particulièrement attesté en suédois et en norvégien, mais ce n'est sans doute qu'un hasard.

En vieux-suédois : *guþir* (*H.* KkB. 1, pr.) depuis le xive siècle. La loi date du début, le manuscrit du milieu du siècle. L'édition de 1609, faite d'après un manuscrit perdu, a la variante *gudhar*, qui est devenue la forme normale en suédois moderne.

En vieux-norvégien : *guðir* depuis le milieu du xiiie siècle, dans *Barl.* (Nom. *guðir* 134[35], 139[12], 140[27]. Acc. *guði*

---

1. Cf. Ottelin, *Studier öfver Codex Bureanus*, § 52.

2. Cf. Wimmer, *Navneordenes böjning i ældre dansk.* Cop., 1868, § 5.

134[26, 27, 36], 140[25], 167[19]). *Guðar* et *guðir* alternent dans la même page, mais *guðir* est infiniment plus fréquent. On a vu (§ 45) que le plur. M. s'est même étendu à *skurguð* (*El.* 107[12]).

En vieil-islandais, je ne connais pas d'exemple ancien de *guðir*, mais cette forme a certainement existé à côté de *guðar*. C'est aujourd'hui le seul pluriel de *guð*[1].

En vieux-danois, *gudher* apparaît au xve siècle (*Rkr.* v. 1736) et devient la forme normale à partir du xvie siècle. Il est impossible de décider si *gudher* est une innovation récente ou continue un ancien *guthær*. Si elle est ancienne, la désinence *-ær* atteste que le substantif a été fléchi comme un thème en *-i-*[2].

83. Il serait intéressant de savoir si l'une des formes *guþar* et *guþir* est antérieure à l'autre ou si elles sont issues de régions différentes. Les textes ne permettent pas d'écrire cette histoire. On constate seulement qu'en Suède et en Norvège les deux pluriels sont attestés souvent dans le même document.

La forme *guþar* est le pluriel que la flexion du singulier invitait à former. Le gén. en *-s* et la désinence du dat., régulièrement employée en suédois, norvégien, islandais suffisaient à classer *guþ* parmi les thèmes en *-a-*.

La forme *guþir* surprend davantage. Elle ne peut se fonder comme *guþar* sur des raisons de grammaire. On a sans doute associé ce mot à d'autres mots : on lui a donné la flexion des substantifs de même sens. La famille sémantique qui pouvait le plus naturellement solliciter le pluriel de *guþ* était celle des « êtres surnaturels ». Ce groupe de noms forme justement son pluriel en *-ir*. Il comprend des M. comme *vanir* « Vanes » (thème en *-i-*), *æsir* « Ases » (thème en *-u-*) et des F. comme *vættir* « esprits », *dísir* « Dises » (thèmes en *-i-*). Ces mots qui, du point de vue

---

1. Cf. au xviie siècle, dans le N. T. de 1609 : Nom. *guder.* Acc. *gude* (Jean, 10, 34, 35 ; Gal., 4, 8) = trad. mod. *guðir. guði.*
2. Cf. Wimmer, *Navneordenes bøjning.* § 33.

grammatical, appartiennent à des catégories différentes,
ont le double lien du sens et de la désinence -*ir*. En
entrant dans leur famille, le mot *gup* a reçu leur flexion[1].

1. Une analogie de même ordre explique en allemand la flexion des
substantifs M. vha. *diufal*, pl. *diufilir* (Braune, *Ahd. Gram.*[3], 194 *Anm.* 3) ;
mha. *geist*, pl. *geister*, sur le modèle des substantifs N. vha. *abgot - abgotir*.
wiht - wihtir, mha. *alp - elber*. Cf. *PBB*, XXXVII, 512. — Cette explication s'écarte résolument de celle que Lidén a jadis proposée dans *Bezz.
Beitr.* XXI, 97. Il voulait voir dans les formes du pluriel en -*ir*- (scand.
gupir, guðir, allem. *abgotir*) le reste d'un ancien thème en -*es*-, -*os*- : germ.
guðiz-, *guðaz* substantif qui du sens abstrait de « crainte » aurait pris
celui de « être craint, divinité révérée ». Cette hypothèse reposait sur une
étymologie proposée par Brugmann (*Ber. d. kgl. sächs. Ges. d. Wiss.* XLI
[1889], 52) qui rattachait le mot germanique à skr. *ghoráḥ* « terrible,
violent ». On a, depuis longtemps, renoncé à cette étymologie et la com-
binaison de Lidén n'est plus soutenable.

Vu, le 6 juillet 1920.

Le Doyen de la Faculté des Lettres
de l'Université de Paris,

Ferdinand BRUNOT.

Vu et permis d'imprimer.

Le Recteur de l'Académie de Paris,

P. APPELL.

TABLE DES ABREVIATIONS

Agr.	Agrip af Noregs konunga sögum, éd. V. Dahlerup. Cop. 1880.
Ark.	Arkiv för nordisk Filologi. Kria., puis Lund 1882 sqq.
Bárð.	Bárðar saga Snæfellsáss, éd. G. Vigfússon. Cop. 1868.
Barl.	Barlaams ok Josaphats saga, éd. Keyser et Unger. Kria. 1851.
Bil.	Codex Bildstenianus dans Ett Forn-Svenskt Legendarium, éd. Stephens (= SFSS. 7, I-II).
Bisk.	Biskupa sögur, I-II. Cop. 1858-78.
Bl.	Blasius saga (= Heil. I, 269 sq.).
Bu.	Codex Bureanus, éd. comme Bil.
D.	Dalelagen (= SgL. V).
DgL.	Samling af gamle danske Love, éd. Kolderup-Rosenvinge. I-V. Cop. 1821-1846.
Eg.	Egils saga Skallagrímssonar, éd. F. Jónsson. Halle. 1894.
El.	Elis saga ok Rosamundu, éd. E. Kölbing. Heilbronn. 1881.
Eluc.	Det Arnamagnæanske Haandskrift Nr. 674 A, 4º (Elucidarius paa Islandsk) éd. Commission Arna-Magnéenne. Cop. 1869.
EsL.	Eriks sællandske Lov, éd. P. G. Thorsen. Cop. 1852.
Eyrb.	Eyrbyggja saga, éd. H. Gering. Halle. 1897.
Flat.	Flateyjarbók, éd. G. Vigfússon et C. R. Unger. I-III. Kria. 1860-68.
Fld.	Fornaldar sögur Norðrlanda, éd. C. C. Rafn. I-III. Cop. 1829-30.
Fm.	Fornmanna sögur. I-XII. Cop. 1825-37.
G.	Ældre Gulathingslov (= NgL. I, p. 1 sqq.).
GdKr.	Gammeldanske Krøniker, éd. M. Lorenzen. Cop. 1887 sqq.
Grág.	Grágás (d'après Konungsbók), éd. V. Finsen. Cop. 1852.
GutL. GutS.	Guta Lag och Guta Saga, éd. H. Pipping. Cop. 1905-1907.
H.	Helsinge-Lagen (= SgL. VI, 1 sqq.).
Heil.	Heilagra manna sögur, éd. C. R. Unger. I-II. Kria. 1877.
Hel.	Heliand, éd. E. Sievers. Halle. 1878.
Hk.	Hákonarbók (loi de Magnus Haakonsson pour l'Islande) = NgL. I, 259 sqq.

Hkr. Snorri Sturluson Heimskringla Nóregs konunga Sögur, éd.
F. Jónsson. I-IV. Cop. 1893-1901.

HKv. Camb. The legend of St Christina, éd. E. Magnússon (= Trans-
actions of the Cambridge Philological Society. Vol. V.
Part III). Londres. 1902.

Hom. (isl.). Homiliu-bók. Isländska Homilier, éd. Th. Wisén. Lund. 1872.

Hom. (norv.) Gammel norsk Homiliebog, éd. C. R. Unger. Kria. 1864.

HSu. Henrik Susos gudelig Visdoms Bog, éd. C. J. Brandt. Cop.
1858.

JL. Valdemar den andens Jydske Lov, éd. P. G. Thorsen. Cop.
1853.

Jómsv. Jómsvíkinga saga (d'après Cod. Holm. 7, 4°) éd. G. Ceder-
schiöld (= Lunds Universitets Årsskrift, tome XI).

Jómsvík. Jómsvíkinga saga (d'après Cod. AM. 291, 4°) éd. C. af
Petersens. Cop. 1882.

Karl. Karlamagnus saga ok kappa hans, éd. C. R. Unger. Kria.
1860.

KBr. Svenska kyrkobruk under medeltiden, éd. R. Geete
(= SFSS. 33).

Landn. Landnámabók, éd. F. Jónsson. Cop. 1900.

Laxd. Laxdœla saga, éd. Kr. Kålund. Halle. 1896.

Leif. Leifar fornra kristinna frœða íslenzkra, éd. Þorvaldur Bjar-
narson. Cop. 1878.

Lucid. Lucidarius, éd. C. J. Brandt. Cop. 1849.

MB. Svenska medeltidens bibel-arbeten, éd. G. E. Klemming.
I-II (= SFSS. 9).

ME. Magnus Erikssons Landslag (= SgL. X).

NgL. Norges gamle Love indtil 1387, éd. Keyser et Munch. I-V.
Kria. 1846-1895.

Nj. Brennu-Njálssaga, éd. F. Jónsson. Halle. 1908.

OHm. Olafs saga hins helga (d'après Cod. Ups. Delag. 8, fol.),
éd. Keyser et Unger. Kria. 1849.

OT. Saga Olafs konungs Tryggvasunar (d'après Cod. Holm.
20, 4°), éd. P. A. Munch. Kria. 1853.

OTryg. Saga Olafs konungs Tryggvasonar (d'après Cod. AM. 310,
4°), éd. P. Groth. Kria. 1895.

Ph. Physiologus i to islandske Bearbejdelser, éd. V. Dahlerup
(= Aarbøger for nordisk Oldkyndighed og Historie.
1889, p. 199 sqq.).

Post. Postola sögur, éd. C. R. Unger. Kria. 1874.

Rb. Äldsta Delen af Cod. 1812. 4° Gml. kgl. Samling, éd. L.
Larsson. Cop. 1883.

RD. Romantisk Digtning fra Middelalderen, éd. C. J. Brandt.
I-III. Cop. 1869-1877.

Rkr. Den danske Rimkrønike, éd. H. Nielsen. Cop. 1895-1911.

SFSS. Samlingar utgifna af Svenska Fornskrift-Sällskapet. Stockh.
1844 sqq.

SgL. Samling af Sveriges gamla lagar, éd. Collin et Schlyter.
I-XIII, Lund. 1827-1877.

SkL.	Skånske Lov, éd. P. G. Thorsen. Cop. 1853.
SM.	Södermanna Lagen (= SgL. IV.).
Stj.	Stjórn, éd. C. R. Unger. Kria. 1862.
SnE.	Edda Snorra Sturlusonar (éd. Commission Arna Magnéenne), Cop. 1848 sqq. — Codex Regius = I-II. Codex Upsaliensis = II, p. 250 sqq.
Sv.	Sverrers Kristenret (= NgL. I. 407 sqq.).
Sv. Landsm.	Bidrag till kännedom om de svenska landsmålen och svenskt folklif. Stockh. 1879 sqq.
U.	Uplands Lagen (= SgL. III.).
VG.	Vestgöta Lagen (= SgL. I).
Vígagl.	Víga-Glúms saga (= Íslenzkar fornsögur éd. Société littéraire d'Islande. Cop. 1880-83. I, 1 sqq.).
ÆB.	Den ældste danske Bibel-Oversættelse, éd. Chr. Molbech. Cop. 1828.
Ölk.	Þórhalls Þáttr Ölkofra, éd. H. Gering. Halle. 1880.
645.	Isländska Handskriften Nr 645 4º i den Arnamagnæanska Samlingen, éd. L. Larsson. Lund. 1885.

Pour tous les poèmes eddiques et scaldiques, les abréviations sont celles de Finnur Jónsson. *Lexicon Poeticum.* (Cop. 1913-1916), p. XIII-XVI.

ERRATA

P. 41, ligne 4, lire : *il y eut*
        ligne 21, lire : *contraste*
P. 72, ligne 20, lire : *goþ, guþ*
P. 79, ligne 1, lire : *Ágr. Ágrip*

www.ingramcontent.com/pod-product-compliance
Ingram Content Group UK Ltd.
Pitfield, Milton Keynes, MK11 3LW, UK
UKHW022326070726
13614UKWH00002B/972